研究発表のためのスライドデザイン

「わかりやすいスライド」作りのルール

宮野公樹　著

ブルーバックス

●カバー装幀／芦澤泰偉・児崎雅淑
●カバーイラスト／坂本奈緒
●目次・章扉・本文デザイン／島浩二

はじめに

スライドの出来がプレゼンテーション全体のわかりやすさを決定付ける

人間が外部から情報を得る場合、その大部分を視覚に頼ると言われています。これはプレゼンにおいても例外ではなく、聴衆は発表者が口頭で行う説明より、スライドから得られる情報で発表内容を理解しようとするのです。つまり、プレゼンにおいてスライドが果たす役割は非常に大きく、スライドの出来がプレゼン全体のわかりやすさを決定付けると言っても過言ではありません。

出来のよいスライドは、聴衆がスライドを見た瞬間に発表者の伝えたいメッセージを理解できる状態になっています。反対に出来の悪いスライドは、発表者の伝えたいメッセージがわかりにくい、あるいは聴衆がそれぞれ異なるメッセージを思い浮かべてしまう状態になっています。出来のよいスライドを作成するのに必要なのは、聴衆にわかりやすく伝えるための根本的な「考え方（姿勢）」と、実際にスライドをわかりやすく見せるデザイン的な「技術」の2つです。これら2つをしっかり身に付けることが、出来のよいスライドを作成し、プレゼンを成功させるための第一歩です。

スライドをわかりやすくする「考え方」と「技術」

聴衆にわかりやすく伝えるための根本的な「考え方」とは、自分の研究内容を伝えることのみに注力せず、聴衆の立場に立って、プレゼンの場を自分にとっても聴衆にとっても最大限に価値あるものにしようとするマインドです。「本当にこの方法で瞬時に伝わるだろうか」「私が伝えたいことと、聴衆が知りたいことの関連は何だろうか」「聴衆にどのような価値を提供できるだろうか」などの自問自答を通して、プレゼン全体の構成やスライドに掲載する内容を検討していくのです。

スライドをわかりやすく見せるデザイン的な「技術」とは、聴衆の目線が伝えたい内容の箇所に自然と集中してしまうようにする手法や原則のことです。これには文章を図に変換して表す手法や、配色の原則、グラフの見せ方の原則など、さまざまなものがあります。これらのデザイン的な「技術」は、先に述べた根本的な「考え方」があってはじめて成り立つものです。根本的な「考え方」が確立されることで、各スライドに掲載する内容や伝えたいメッセージが明確になり、聴衆に伝わりやすいスライドを作成する土台が整います。その土台の上でデザイン的な「技術」を用いることこそが、完成度の高いスライドデザインにつながるのです。

メッセージが自然と伝わってしまうスライドを作成できる

本書では、スライドをわかりやすくする「考え方」と「技術」の両方を意識しながら、一般的な研究発表に使うスライドの作成方法を学んでいきます。まずプレゼン全体の構成を検討するところから始めます。具体的には、論理的な構成の組み立て方や自問自答する際の「問いかけ」例などを通して、わかりやすく伝えるための「考え方」と、各スライドに掲載する要素や伝えたいメッセージを明確にするまでの流れがマスターできます。そのあと、数多くの実例を交えてデザイン的な「技術」について解説していきます。多くの人が作ってしまいがちなわかりにくい例と、デザイン的な「技術」を用いたわかりやすい例を目で確認しながら、掲載する要素や伝えたいメッセージを表現するやり方がマスターできます。

本書で目指すスライドは、「見た瞬間に発表者の伝えたいことを理解できるもの」であり、すなわち「メッセージが自然と伝わってしまうスライド」と言えます。そんなスライドを揃えられれば、聴衆はメッセージを読み取ろうとする負担を最小限にでき、その結果、プレゼン全体が「わかりやすい」ものになって聴衆からの理解も得やすくなるという理想的な状況を実現できるのです。

本書が皆さんのスライド作成に少しでも貢献できることを願っています。

Contents

4 スライド上の情報をブラッシュアップする
スライドに掲載する情報が満たすべき3つの条件 29
実験データを掲載しすぎないように注意する 31

5 プレゼン当日の「場」と「聴衆」を知る
プレゼン当日の「場」を知る 34
プレゼン当日の「聴衆」を知る 35

6 スライドの全体構成を3つの観点でチェックする
背景・目的に関する問いかけ 38
実験方法に関する問いかけ 39
実験結果に関する問いかけ 40
考察・結論に関する問いかけ 41

第2部 「わかりやすい」スライドを作成する技術

7 伝わりやすいスライド作成のための基本概念
全体のスライド枚数に決まりはない 44
「スライド1枚＝伝えたいメッセージ1つ」 45

Contents

1枚のスライドにたくさんの情報を詰め込み過ぎない　47

8 「短く、単純な」メッセージにする

Keep it short and simple（短く、単純にする）　50
スライド上の文章は簡潔にする　52
口頭説明なしでもメッセージが伝わるスライドを目指す　55

9 わかりやすくするためのデザイン的手法

3つのデザイン的手法　59
手法1　コントラスト　60
手法2　グルーピング　64
手法3　イラストレーション　70
3つのデザイン的手法の実例　79

10 スライド上の文字を読みやすくする基本

どの書体（フォント）を使うべきなのか？　87
汎用性の低い書体の使用は避ける　91
読みやすさの目安となる行数と行間　92
安易に「箇条書き」に頼らない　94

行頭記号を使える状況はそれほどない　96
強調したい文字列でも派手な装飾は使わない　100
文字列を読みやすくする細かな工夫　102

11 スライドを見やすくする配色の原則
配色の原則はベース色、メイン色、アクセント色の3つ　105
配色が難しいときは、まず黒一色でスライドを作成する　107
ベース色、メイン色、アクセント色の組み合わせパターン例　107

12 伝えたいことを伝えるためのグラフの原則
「データを示す目的」を表現しやすいグラフを使う　110
主なグラフの特徴　111
Ｅｘｃｅｌのグラフは初期設定のまま使わない　116
聴衆の目線を自然と注目させたいデータ部分に導く　118

13 伝わる表にするデザインの原則
伝わりやすい表のデザイン、2つの基本パターン　124
共通の単位や記号は、表の右上か項目見出し内に表示する　127
注目させたいデータ部分を目立たせる工夫　127

Contents

14 伝えたいことを伝えるための写真とイラストの原則

写真やイラストを掲載する際は、意図を明確にする 130
写真は伝えたい箇所を中心にした構図にする 130
写真上に文字を入れるときは、文字枠に背景をつけない 132
同じテイストのイラストで統一する 134
写真やイラストはよくも悪くも注目される 136
所属先のロゴなどをスライドに入れない方がよい 138

15 図形や線を見映えよくする手法

図形や線の細かい部分が、スライド全体のわかりやすさに影響する 140
角丸の四角形は、角の丸さを揃える 141
ちょっとぎこちない図形は使わない 143
楕円で囲むのは、原則避けたい 145
囲みの線が目立ちすぎないようにする 145
矢印は、矢先の三角形部分のバランスと縁取りに注意する 147
示し矢印が図の邪魔にならないように工夫する 148
点線の囲みや下線で文字列を見やすくできることはない 149

16 「わかりやすい」スライドの評価軸

デザイン的手法に関する問いかけ 152
文字や数字、配色に関する問いかけ 153
グラフや表、写真、イラストに関する問いかけ 154
図形や線に関する問いかけ 155

第3部 スライド全体の構成を聴衆に伝える工夫

17 全体の構造を把握できるスライドを入れる

目次のような役割のスライドを入れる 158
発表する内容を図に示す 158
大項目ごとにスライドの基調色を使い分ける 160

18 「現在位置」を把握できるスライドを入れる

次の項目と「現在位置」を示すスライド 161
「現在位置」を視覚的に把握できることの重要性 161

おわりに プレゼンは自分自身を鍛える絶好の機会 163
さくいん 169

第1部

「わかりやすい」スライド構成にするために

スライド作成を始める前に全体の構成を徹底的に検討しましょう。内容を精査し、各スライドに掲載する情報を明確にするための考え方と手法について紹介します。

1 「わかりやすいスライド」とはどういうことか？

人が「わかりやすい」と「わかりにくい」を判断するしくみ

「わかりやすいスライドを作りたい！」

多くの人がこのように考えながら、プレゼンのスライドを作成します。本書を手に取ったみなさんもそうした状況を日頃経験し、「わかりやすいスライド」を作成しようと努力していることでしょう。

ここではまず、漠然と言われる「わかりやすい」について考えてみます。そもそも「わかりやすい」とは、一体どのような状態なのでしょうか。

これについて理解を深めれば、自然と「わかりやすいスライド」に必要な要素が見えてきます。逆に言うと、

「わかりやすいスライド」を作れない原因は、「わかりやすい」とはどういうことかを明確に理解していないから

とも言えるのです。

われわれ人間が、「わかりやすい」と「わかりにくい」を判断しているしくみを簡単に確認してみましょう。その判断は、脳に情報が入った瞬間に行われます。視覚を通して脳に情報が入ってくるとき、脳はその情報を認識するために、すでに知っている過去の経験との照合作業を開始します。

これは、コンピュータで何らかのデータベース内を検索するようなものです。脳内にあるデータベースの中に検索している情報が見つかった瞬間、人間は「わかった！」と感じます。検索している情報が見つかるまでにかかる時間が短いと、「わかりやすい」ことになります。

反対に、情報が見つかるまでにかかる時間が長いと「わかりにくい」と感じ、最終的にデータベースの中に情報が見つからない状態になると、「わからない」と判断するのです。

「わかりやすいスライド」に必要な2つの要因

聴衆がスライドを見るときにも、前述の「わかりやすい」と「わかりにくい」を判断するのとまったく同じことが起きています。**情報を認識するのに要する時間が短いスライドは、聴衆が「わかりやすい」と感じてくれる可能性が高くなるのです。**一方、情報を認識するのに時間がかかるスライドは、「わかりにくい」と感じさせてしまい、認識できないスライドになると、「わか

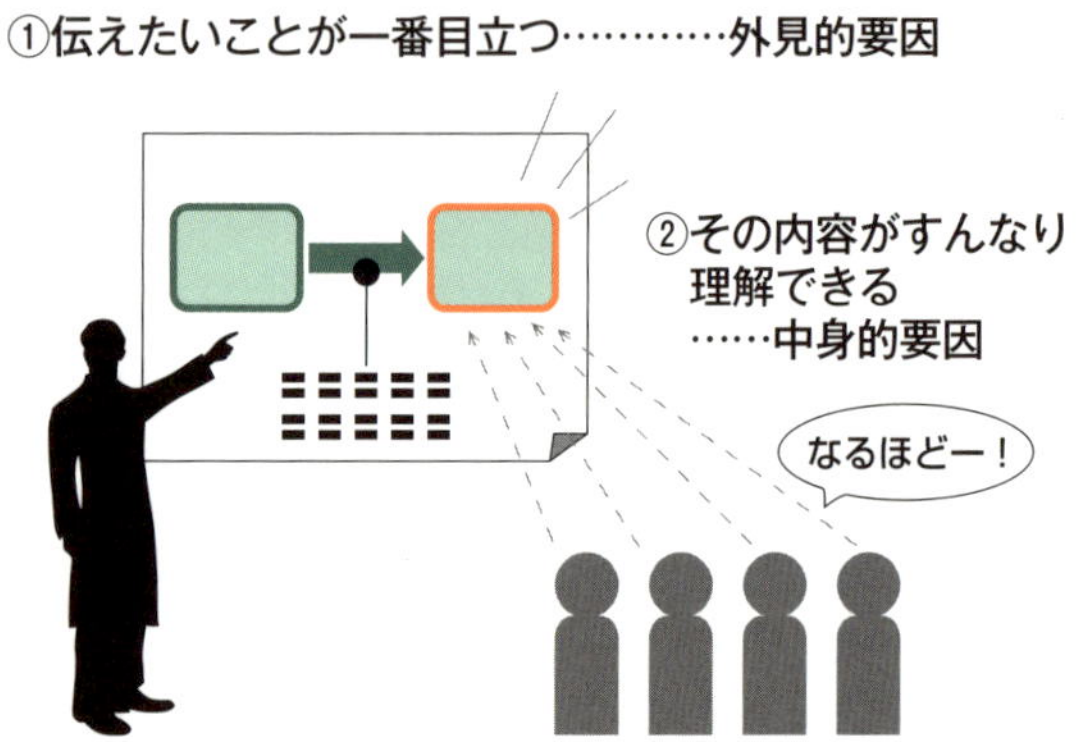
①伝えたいことが一番目立つ…………外見的要因
②その内容がすんなり
理解できる
……中身的要因
なるほどー！

らない」となってしまいます。

このことから、「わかりやすいスライド」に必要な要素の極論を言えば、次の2つが浮かんできます。

①伝えたいことが一番目立つ…………外見的要因
②その内容がすんなり理解できる……中身的要因

①は、聴衆がスライドを見て直ちに、自然と目線が注目させたい位置に導かれ、「あ！　このスライドで言いたいことは○○だな」と、瞬時に判断できる状態です。こうした「外見的要因」は、直感的に「わかりやすいスライド」を目指すうえで非常に重要な要素です。

②は、聴衆がスライド上の情報を難なく読み取り、「○○について説明しているのだな」と、説明内容を把握できる状態です。内容に対して必ず納得や賛成を得られるかどうかは保証されませんが、こうした「中身的要

因」が揃っていれば、聴衆は「わかりやすいスライド」と認識してくれます。

聴衆に努力を強いずに、「伝わってしまう」のが理想のスライド

前述の2つの要素を満たしていないスライドは、聴衆に何かしらの努力を強要しています。聴衆がスライドを見た瞬間、「このスライドで言いたいことは一体何だろう?」と考えさせてしまうのは、「外見的要因」に問題があります。また、スライド上の情報を読み取っている最中に、「この説明はどういうことなんだろう?」と疑問を抱かせるのは、「中身的要因」に問題があることになります。

「わかりやすいスライド」を目指すには、聴衆の脳に余計な負担をかけさせないことが大切であり、把握したり、理解したりするための努力を強いずに「伝わってしまう」のが、理想のスライドです。そうしたスライドが多ければ多いほど、プレゼン全体が伝わりやすいものになります。そのために必要なことを、本書で学んでいきましょう。

「わかりやすいかどうかは、聴衆が決める」と考える

「わかりやすいスライド」を目指すうえで最も大事なのは「わかりやすいスライドかどうかは、聴衆が決める」という考え方です。聴衆の視点で「わかりやすいスライド」となるように、発表

者は努力しなければなりません。

発表者の視点のみでスライドを作ると、努力の割には聴衆に伝わらない「空振り」となりがちです。また、「このことは何としても伝えたい」という熱意が強すぎて、研究成果や独自技術を一方的に押し付けることになってしまうと、聴衆は「この人は自慢がしたいのだな」と感じ、強引な「押し売り」の印象を受けてしまいます。

聴衆が満足できなければ、「わかりやすいスライド」ではありません。「私が伝えたいことと、聴衆が知りたいこととの関連は何だろうか」や「私は聴衆にどのような価値を提供できるだろうか」など、聴衆の視点を考慮する姿勢でスライド作成に取り組みましょう。

「聴衆は自分が関心のあることしか見ようとしない」と考える

人は自分が関心のあることを優先して脳内に取り入れようとするものです。残念ながらほとんどの場合、すべての聴衆があなたの発表内容に関心を持っていることは、まずありません。「関心のない人に関心を持ってもらう」のがプレゼンの大前提と意識しましょう。

これは、16ページで述べた「伝えたいことが一番目立つ（外見的要因）」に通ずる考えです。どの聴衆が見ても、言いたいことが明快に伝わるようにスライドを作成しましょう。具体的にすべきことは、本書を読み進めていけば自然とわかってきます。

2 結論から全体の流れを考える

結論で何を主張するかを最初に考える

プレゼンのスライドを作成していくうえで最初に手をつけるべきなのは、プレゼン全体の構成の検討です。プレゼンのスライドの順番を考えるとき、多くの方が自分が取り掛かった実験の順番にしたがってスライドを並べていき、最後に「結論に書くべき内容についてどう書くか?」と悩んでいるようです。間違いではありませんが、わかりやすいプレゼンを構築していくにはうまいやり方ではありません。

プレゼンであなたが伝えたいメッセージをわかりやすく明確に伝えるには、結論で何を主張するかを考えることから始めます。結論で何を主張するか決まったら、そこから帰納的に全体の流れを考えていくのです。

まずは、「このプレゼンで何を言いたいか」をきっちりと考えましょう。ある意味、この部分は「研究概要」とも言えるものになるかもしれません。たとえば、次のようになるでしょう。

「本研究ではごく低温でも機能する電池を作ることを最終目標とし、全く新しい化学反応を活用した電池メカニズムの確立を目的として、新素材の探索とその応用可能性を検討した。その結果、AとBという素材が優れた特性を示すことが判明した。これは革新的電池の創製に大きく貢献しうると期待される」

紙面の都合上、できるだけ文章量を抑えているので、実際にみなさんが作るときはもう少し長いものになるはずです。この例の場合、結論は「**AとBという素材が優れた特性を示すことが判明した**」という部分です。

帰納的に全体の流れを考える

結論が明確になったら、次は「その結論に必要な根拠は何か?」を考えます。これには、自身が実験して得た結果や、先人が実験して発表したデータといったものが該当し、先ほどあげた例で言うなら、「AとBという素材が優れた特性を示すことが判明した」ことを言うために、必要な「根拠」をあげればよいことになります。

たとえば、次の2つのようなものがあげられるでしょう。

・**さまざまな素材を用いて特性を調べる実験を行ったエビデンス**
・**各素材の特性を比較した結果、AとBが優れた値を示しているエビデンス**

結論に必要な「根拠」が得られたら、最後に、それらが「妥当であること」を説明する「実験方法」や「条件」をあげていきます。前述の「根拠」が正しいことを説明するのが目的になるので、行った実験の手順や、データを得られたときの条件を詳しく記述することが必要です。

このように考えることで、「結論を伝える」という狙いに合致する要素に何があるのか、おおよその目星がついてきます。これが帰納的に全体の流れを考える方法であり、これにより**プレゼンに掲載するすべての要素が、「結論を伝える」ためのみに存在する！という状態になるのです。**

研究した順序でプレゼンの構成を考えると、「結論を伝える」という狙いが明確でないまま、行った実験をすべてあげてしまいがちです。それだと、「結論を伝える」ために本来不必要なものも含まれてしまう恐れがあります。先に結論を決めてから帰納的に全体の流れを考えていく方が、断然「わかりやすい」プレゼンを構築できるのです。

そして「結論から帰納的に全体の流れを考える」ことがプレゼンを構築する際の習慣となってくると、研究全体への取り組み方にもよい影響を与えるようになります。

たとえば、新しい実験方法を試す場合は、「発表では、この実験方法にした根拠を説明する必要性がある。『とりあえずやってみた』という考えでは、通用しない」と意識したり、前回と異なる実験結果が得られた場合、「発表では、それぞれどのような条件で実験したのか明確にしないと、説得力あるデータにならない」と考えたりするようになるのです。

次節では帰納的に考えた全体の流れをもとに、プレゼン全体を構造化する方法を説明します。

3 プレゼン全体の構造化

フローチャートでプレゼン全体を構造化する

プレゼンの「構造化」といっても難しいことではありません。必要な要素を書き出して、プレゼンの簡単な設計図を作成するだけです。

設計図は、フローチャートの形式でプレゼンの内容を四角形と矢印を使って描きます。基本的には、四角形内に要素を書き込み、四角形同士を矢印で結んでいきます。

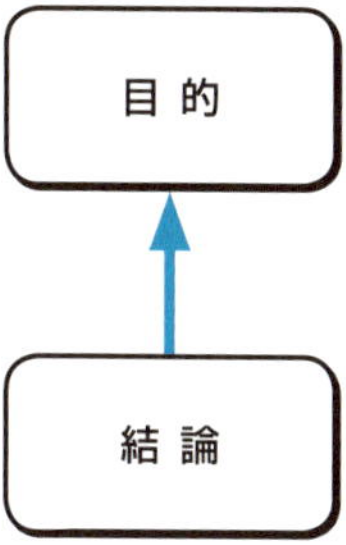

論理展開をフローチャートで表現する例　その1

関連する四角形を配置する方法には、次の2つのルールがあります。

・並列や比較の場合は、横方向に配置する
・論理展開の場合は、縦方向に配置する

この2つの配置方法で、プロセスや時間軸、論理展開を表現します。どのように図にしていくのか、簡単な例を用いて説明していきます。

まず、考えるのは「目的」と「結論」です。「目的」とは、解決しようとした課題や突き詰めたい問題意識のことです。そして、「その問題意識の解決のために、達成されたのは何か？ 得られたのは何か？」といった問いに対する答えが「結論」となります。たとえば、「結論」は「目的」を達成するために得た実験結果のグラフや、「……の根本原理」といった知見であり、それはまとめて「成果物」といえます。このように、この目的と結論の関係は論理展開なので、縦方向に並べて配置します（前ページ図）。

しかし、これだけでは十分ではありません。説得力のある優れた研究とするために、結論に対するアプローチ方法を複数提示する必要があるからです。

次項では、アプローチ方法を複数提示することについて説明します。

結論に対するアプローチ方法を複数提示し、論理展開を表現する

結論に対して複数のアプローチ方法を提示し、比較、検討することで、結論を「なぜ結論と断言できるのか」を示すことができます。こうした論理展開をフローチャートで表現していきます。

アプローチ方法は、「その結論を得るために、どうやったのか？」という「問い」への「答え」として複数提示します。ここでは3つのアプローチ方法があるとして、それぞれ四角形の中に記入します。3つのアプローチ方法は比較するものなので、横向きに配置します。

ここであげる3つは、結論からの論理展開です。そのため、結論と縦方向に配置する必要があります。そして、アプローチ方法と結論の間に引く矢印は、結論に矢先が向くようにします（次ページ図のⒶ部分）。

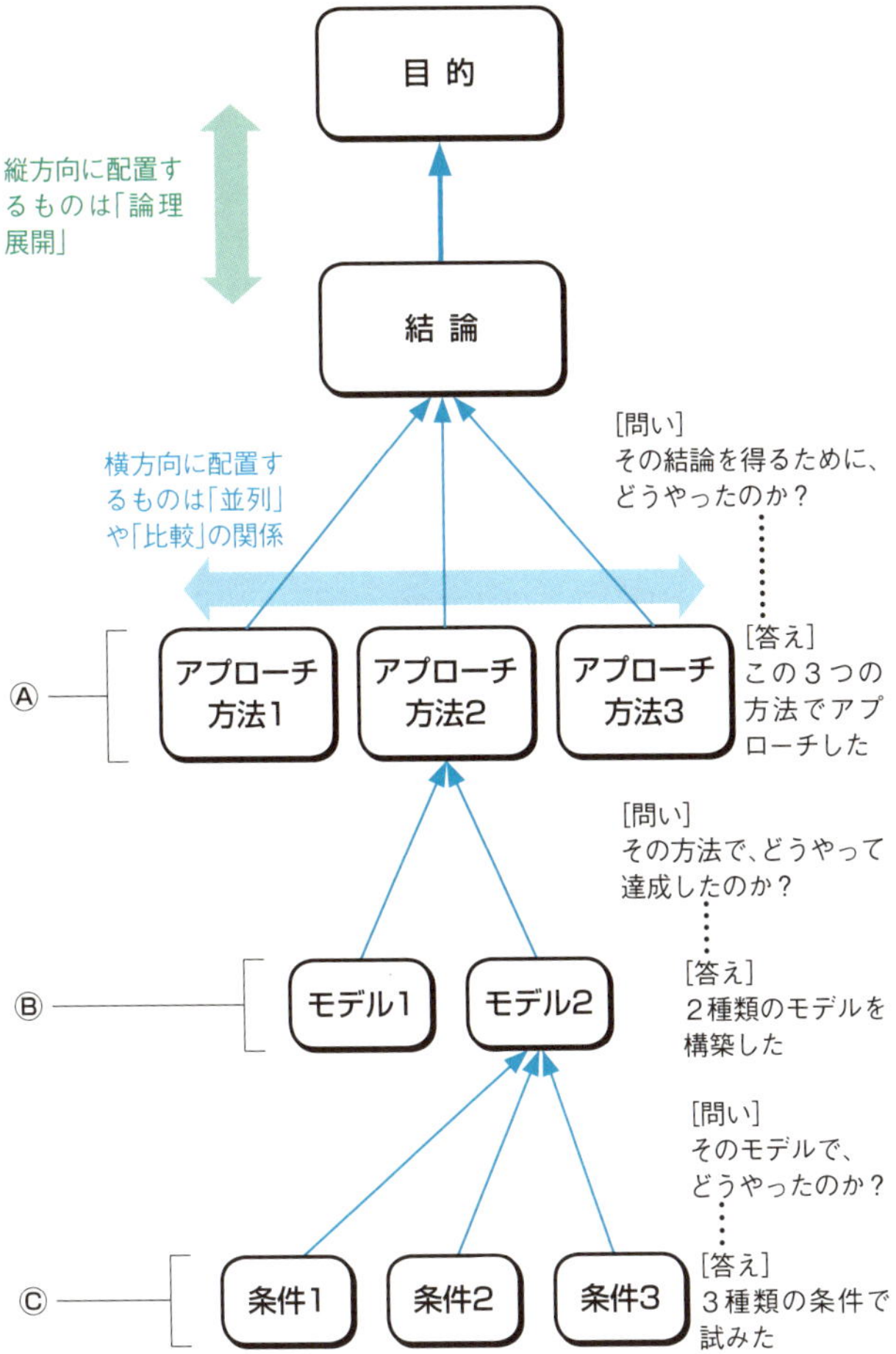
目 的
縦方向に配置するものは「論理展開」
結 論
[問い]
その結論を得るために、どうやったのか？
横方向に配置するものは「並列」や「比較」の関係
Ⓐ
アプローチ方法1
アプローチ方法2
アプローチ方法3
[答え]
この3つの方法でアプローチした
[問い]
その方法で、どうやって達成したのか？
Ⓑ
モデル1
モデル2
[答え]
2種類のモデルを構築した
[問い]
そのモデルで、どうやったのか？
Ⓒ
条件1
条件2
条件3
[答え]
3種類の条件で試みた

論理展開をフローチャートで表現する例　その2

さらに結論を導くアプローチ方法に対して「その方法で、どうやって達成したのか?」という［問い］を設けることもできます。その［答え］として、複数のモデルを提示するのです（前ページ図のⒷ部分）。

もっと論理を深めていくのなら、提示したモデルの1つに対して「そのモデルで、どうやったのか?」という［問い］を設け、［答え］として複数の条件を提示することもできます（前ページ図のⒸ部分）。

このようにして、複数の論理が並行している様子をフローチャートで表現し、発表の骨子とするのです。これにより、**伝えたいことのためにすべてのデータが存在するという構造**になり、説得力のあるプレゼンを構築しやすくなります。

プレゼンは手作業から始めるのがおすすめ

ここまで説明したことからわかるように、プレゼンでは、先に全体の構成を考えてから、一枚一枚のスライド作成に入るのがセオリーです。

「スライドを作成する」ことばかりが頭にあると、まず、ＰｏｗｅｒＰｏｉｎｔなどのソフトを立ち上げて一枚一枚のスライド作成を始めよう、と考えてしまいがちです。しかし、これだと「一枚のスライドをいかによく見せるべきか」という考えを優先して作成してしまうことになり、一番肝心なプレゼン全体の構成が置き去りにされてしまいます。その結果、「スライドはすごく作り込まれているのに、全体として何が言いたいのかわかりにくいプレゼン」になってしまうのです。

プレゼン全体の構成を優先して考えるには、いきなりパソコンに向かうのではなく、まずは手作業から始めることをおすすめします。手作業とは、たとえば次のようなものです。

・必要な要素をノートなどに手書きする
・必要な要素を大きめのホワイトボードに書き出す
・必要な要素を書き留めた付箋をホワイトボードに貼り付け、図なども書き加える

なお、フローチャートはパソコンのソフトで描くことも可能ですが、柔軟な発想で全体の構成を考えるには手書きの方がよいでしょう。

手作業のメリットは、自由度の高さにあります。試行錯誤しながら、じっくり全体の構成を検討していきやすいのです。**全体の構成を手書きし、一本ピシッと筋が通る段階までくると、一枚一枚のスライドをどうすべきかが見えてくるはずです。**そこまできたら、ソフトを立ち上げてスライド作成へ進めていきます。

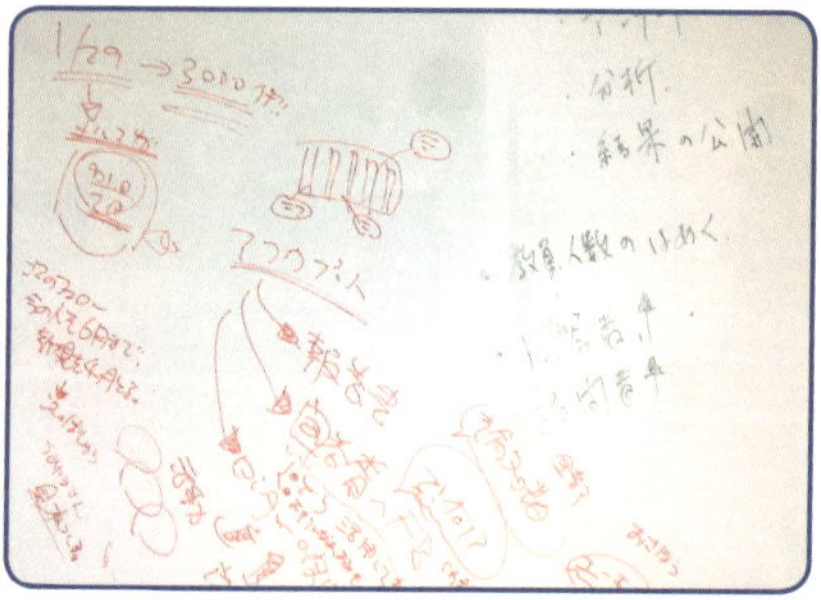

必要な要素をノートなどに手書きする

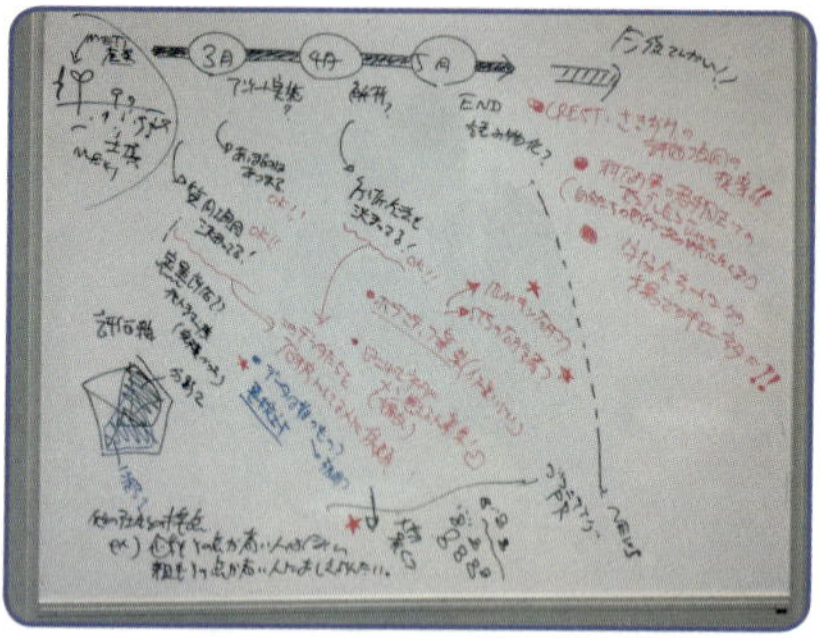

必要な要素をホワイトボードに書き出す

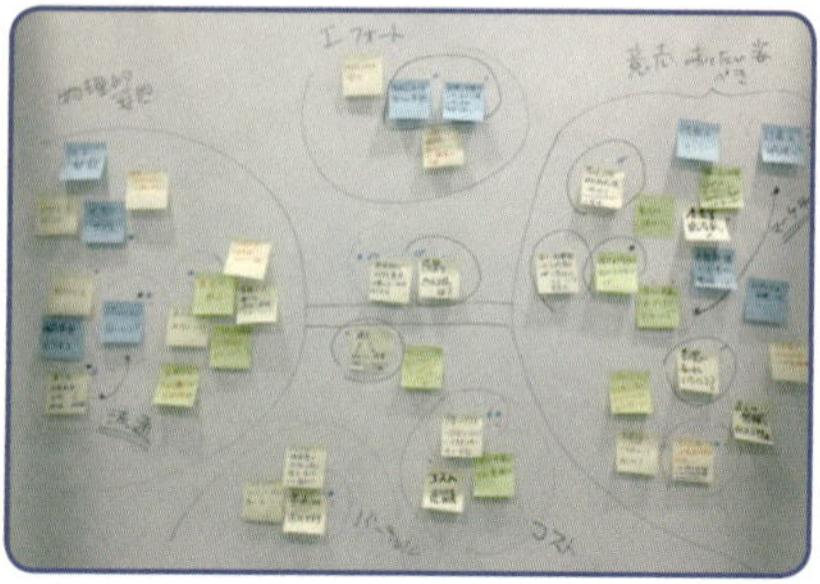

必要な要素を書き留めた付箋をホワイトボードに貼り付ける

4 スライド上の情報をブラッシュアップする

スライドに掲載する情報が満たすべき3つの条件

スライドで伝えたいメッセージを伝わりやすく見せるためには、掲載する情報をブラッシュアップすることも必要です。

情報をブラッシュアップする作業は、「わかりやすい」スライド作成においては必須です。論文やレポートを書く際に学んでいることかもしれませんが、重要なことなので確認を兼ねてここで紹介します。

スライドに掲載する情報が満たすべき条件には、次の3つがあります。

① 「AだからB」という原因と結果の関係を自然に受け入れられるか
② すべて聴衆が理解できる言葉になっているか
③ 複数の解釈が存在していないか

①は、たとえば「風が吹けば、水面に波が立つ」など、掲載する情報の原因と結果が聴衆にすんなり受け入れられるか、ということです。これが「風が吹けば、桶屋が儲かる」というように因果関係がわかりにくいと、聴衆には受け入れにくいものとなります。

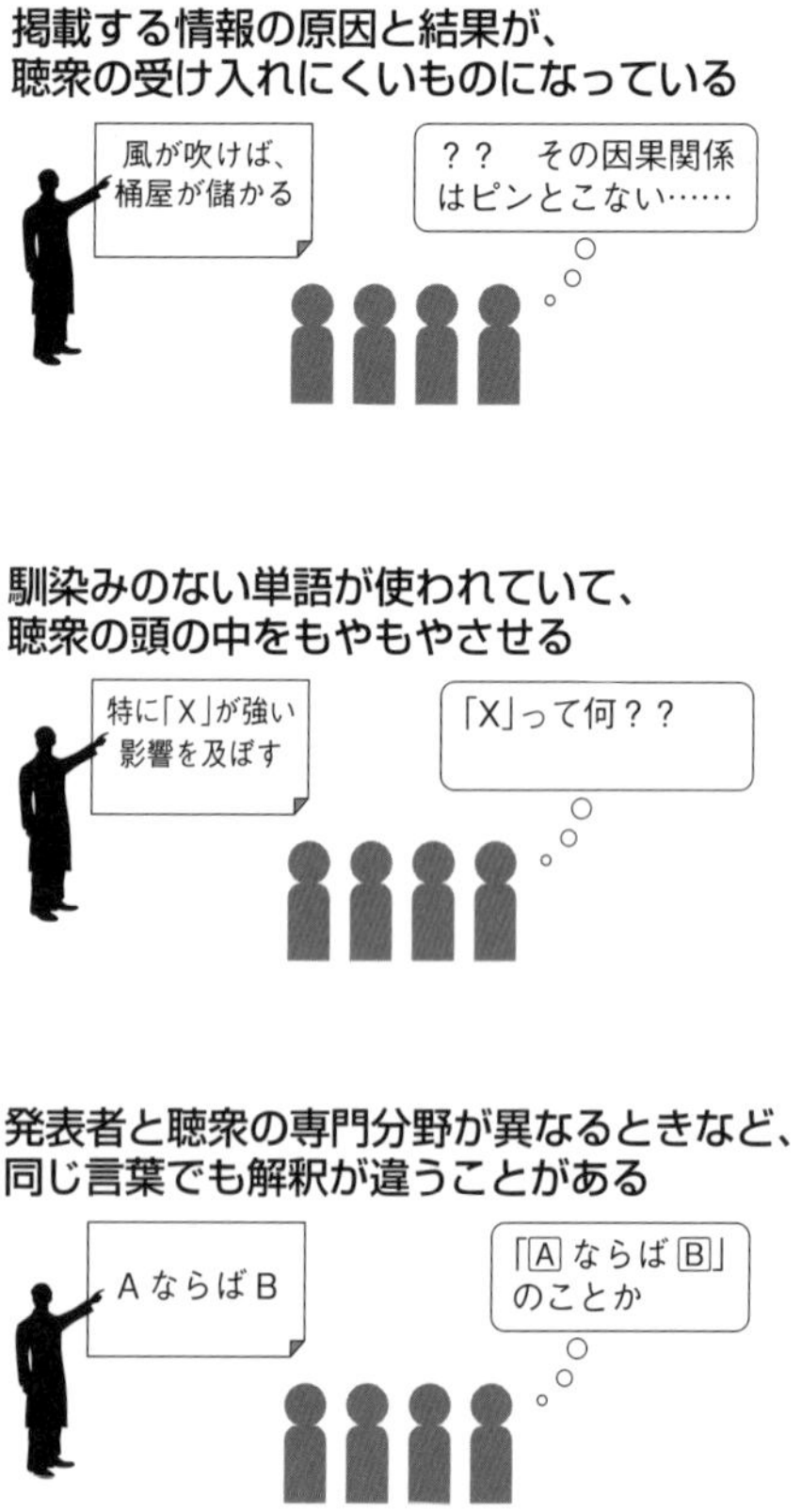

掲載する情報の原因と結果が、
聴衆の受け入れにくいものになっている
風が吹けば、桶屋が儲かる
？？　その因果関係はピンとこない……
馴染みのない単語が使われていて、
聴衆の頭の中をもやもやさせる
特に「X」が強い影響を及ぼす
「X」って何？？
発表者と聴衆の専門分野が異なるときなど、
同じ言葉でも解釈が違うことがある
AならばB
「A ならば B」のことか

3つの条件をクリアしていないときの聴衆の反応

②は、聴衆が疑問を持たずに理解できる言葉で言いたいことを伝えているか、ということです。専門用語や一部の人にしか馴染みのない省略語が一つでも含まれていると、聴衆の頭の中をもやもやさせることになります。

③は、情報の解釈が一つだけの状態になっているか、ということです。発表者と聴衆の専門分野が異なるときなどは、同じ言葉でも違った解釈になってしまうことがよくあり、誤解が生じる原因となります。

スライドに掲載する情報が、これら3つの条件をクリアすることで、伝えたいメッセージについて、聴衆の納得が得やすくなります。

実験データを掲載しすぎないように注意する

研究には、膨大な試行錯誤や予備実験があります。それらの山のような大量の実験データを分析・考察し、やっと結論に辿り着きます。ここで注意しなければならないのは、実験データを掲載しすぎないようにすることです。

結論を得るまでのプロセスを経験している発表者には、これまでの苦労や費やした時間を示したいという潜在意識が働きます。そのため、多くの実験データをスライドに掲載してしまいがちです。

しかし、**伝えたいことに直接寄与しないデータは、むしろ聴衆の理解を妨げる存在になるのです**。データを掲載して見せることが目的ではありません。伝えたいことを伝えるために、必要なデータを掲載するのだと考えるようにしましょう。

COLUMN

異なる分野の聴衆に見せるスライドでは、研究背景の扱いに配慮する

自分が普段接している分野と異なる分野の人たちに見せるスライドでは、研究背景をどのあたりから説明するのか配慮する必要があります。

自分の分野では当たり前のことが、他の分野の人には伝わらないことがあるのです。そのため、一般的にわかりやすいところから、研究背景を説明すればよいでしょう。

たとえば、あるエネルギー変換材料としての二次元原子薄膜の研究についてのスライドを、エネルギー問題に関する知識のない人たちに見せるときは、「地球規模でのエネルギー問題解決の重要性」といった、広い範囲での研究背景から紹介していくのが無難です。

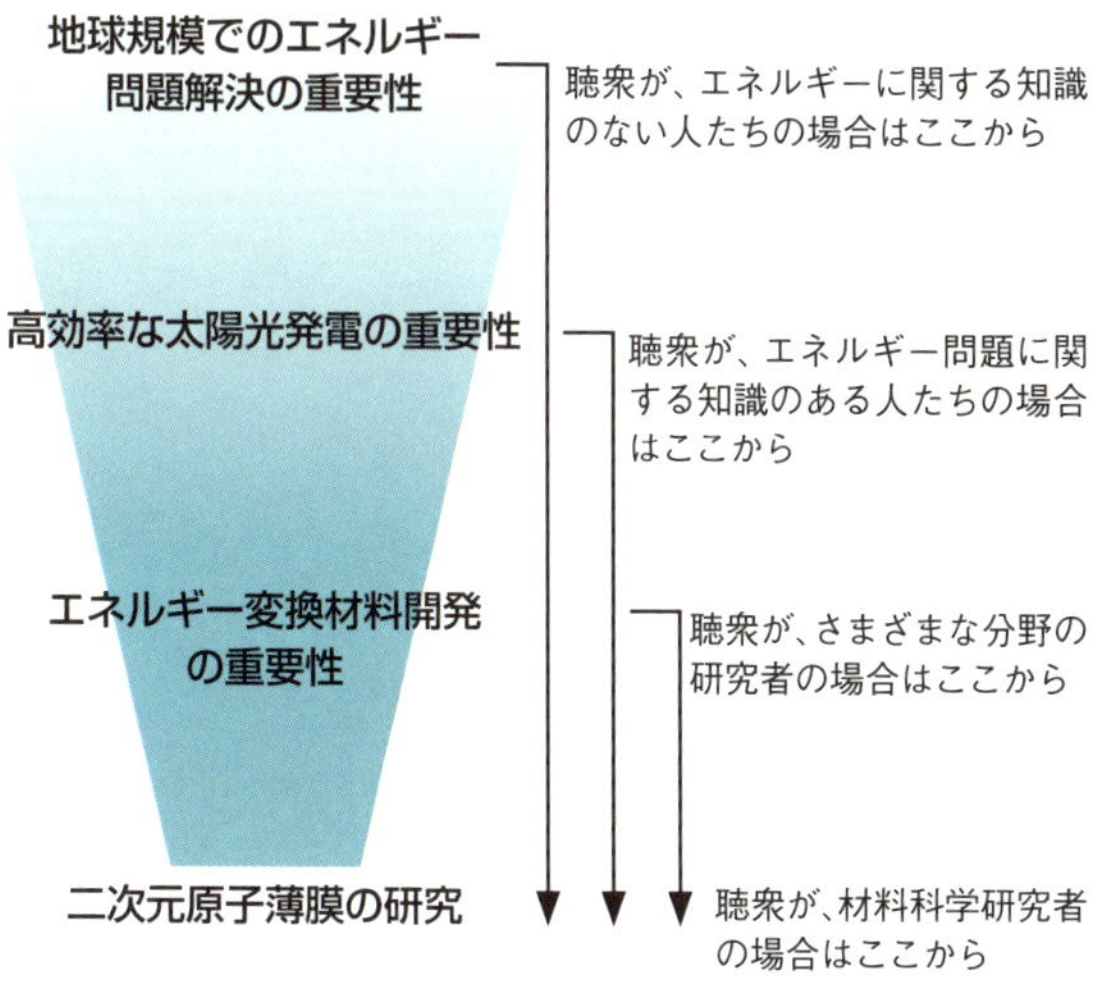
地球規模でのエネルギー問題解決の重要性
聴衆が、エネルギーに関する知識のない人たちの場合はここから
高効率な太陽光発電の重要性
聴衆が、エネルギー問題に関する知識のある人たちの場合はここから
エネルギー変換材料開発の重要性
聴衆が、さまざまな分野の研究者の場合はここから
二次元原子薄膜の研究
聴衆が、材料科学研究者の場合はここから

聴衆の専門分野によって、掲載する研究背景が異なる

5 プレゼン当日の「場」と「聴衆」を知る

プレゼン当日の「場」を知る

プレゼンの構築において意識すべきなのが当日の「場」と「聴衆」です。プレゼン当日の「場」と「聴衆」について知っておくことは、プレゼンを成功させる上で重要です。ここでは、まず「場」にどのような項目があるか紹介します。

・会場

会場の広さは、発表者と聴衆の距離に影響します。広い会場の最後尾に座る聴衆がスライド上の文字を無理なく判読できるかどうかを考えて、スライドを作成する必要があります。さらに細かく言うのなら、照明の明るさも把握しておきます。明るさによっては、スライドの色使いの検討が必要かもしれないからです。

・**前後の発表者と発表内容**

これは、聴衆がどのように発表を聞くことになるかをシミュレーションすることが目的です。理想を言えば、発表者全員とその発表内容を把握しておきたいところですが、少なくとも前後の人は押さえておきましょう。たとえば、前後に大物の発表者がいる場合や、似たようなテーマの発表がある場合、あなたの発表に対する聴衆の印象に影響するからです。

プレゼン当日のイメージを持つという観点からは、この他にも確認しておくべき項目はあります。たとえば、電源プラグの位置や、机の配置などの設備面に関する項目です。本書ではスライド作成についての解説を中心とするのでそうした項目については触れませんが、当日に向けた準備も含めてプレゼンであることを忘れずに。

プレゼン当日の「聴衆」を知る

当日の場と共に、できるだけ事前に把握しておきたいのが聴衆についてです。「聴衆のほとんどは学生」「聴衆はみな研究者」「社内のプレゼンだから社員」などの漠然としたイメージだけでは不十分です。主に次に紹介する項目を調べる必要があります。

・年代や性別

聴衆の大勢を占める年代や性別によっては、構成やスライドの見せ方に工夫が必要となることもあります。たとえば、聴衆の多くが年配の方なら、文字は大きめにする方が無難です。

・業種や専門領域

聴衆が持つ前提知識を把握しておきましょう。日頃接する業種や分野の人たちとは異なる領域の聴衆には、専門用語や専門知識の使い方に注意し、より平易な説明となるように全体を構成してスライド作成を行います。また、同じ業種や分野の人たちだけを相手にするなら、くどくなりすぎないようにすることが大事です。

・聴衆の関心

聴衆が関心のあることを把握しておきましょう。1節（18ページ）でも紹介しましたが、聴衆は自分の関心があることしか見ようとしないものです。冒頭で関心を持てない説明が続くと、あとの説明は右から左へ抜けていってしまいます。この項目は、1つ前にあげた聴衆の業種や専門領域とリンクします。十分調べて準備しましょう。

プレゼン当日の場と聴衆について、ここで紹介したような項目を中心に把握しておき、全体の構成や、一枚一枚のスライドのイメージを検討するとよいでしょう。当日のイメージを持つことは、本番で動じないようにするためだけでなく、プレゼン全体の構成を客観的に確認することにもなります。

6 スライドの全体構成を3つの観点でチェックする

スライド全体の構成が固まったら、聴衆の視点や教師、上司などスライドを評価する指導者の人たちの視点で全体をチェックします。聴衆や指導者の人たちの視点を想定する際に必要なのは、**「オリジナリティはあるか?」「客観的・論理的か?」「正確か?」という3つの観点**です。

聴衆や指導者の人たちがプレゼン終了後にしてくる質問のほとんどは、これらの観点のいずれかに基づいています。そうした質問をされないように、準備の段階でチェックして改善しておくことが、「わかりやすい」スライドの作成につながるのです。ここでは具体的な例として、一般的な研究発表の流れである「背景・目的」「実験方法」「実験結果」「考察・結論」に関する問いかけを、それぞれ3つの観点に分けて紹介します。スライド全体の構成がひと通りできたあと、伝えたい内容をブラッシュアップするためにも、ぜひチェックリストとして活用してください。

背景・目的に関する問いかけ

オリジナリティはあるか？

●どこに独創性があるの？
●その問題（目的）は、本当に未解明なの？
●問題設定そのものが新しいの？　アプローチ方法が新しいの？
●他の類似研究との関係は？
●先行研究とどこがどう変わったの？

客観的・論理的か？

●背景の説明が聴衆のレベルと合っている？
●その研究をやる必要性は？　有効性は？
●本当にその応用展開につながると思っている？
●その緒言の内容と今回の研究目的はつながっている？
●その問題（目的）と実際にやること（手法）がずれてない？
●結局、「何の問題をどう解くのか」を一言で説明できる？

正確か？

●「○○」と主張しているが、それは本当か？　根拠はある？
●「○○」と主張しているが、本当にそれだけ？
他にもあるのでは？
●数少ない根拠で問題設定をしていない？
●解決しようとしていることは問題の一部なの？
あるいは全部なの？

実験方法に関する問いかけ

オリジナリティはあるか？

- その実験方法はスライドに載せる必要があるの？
- どこにでもある実験装置なの？
  それとも独自に開発したものなの？
- その方法は一般的なものなの？
  それとも独自色が強いものなの？

客観的・論理的か？

- その実験方法（または材料）を選んだ理由は？
- その実験方法で本当に知りたいことがわかるの？
  他の方法と比較した結果がその方法なの？
- 今回、その装置のスペックを掲載する必要はある？　ない？
- 今回、装置のメーカ名を掲載する必要はある？　ない？
- そこまで詳細な方法を説明する必要があるの？

正確か？

- ちゃんとプロセスすべてを網羅している？
- 計測誤差は考慮している？
- 薬品の名前、量も正確に掲載している？
- データの参照先は掲載したの？

実験結果に関する問いかけ

オリジナリティはあるか？

●他の研究者の結果と比較した？
●類似研究の結果とどこがどう違うの？
そして、その違いの理由は何？

客観的・論理的か？

●他の条件では試した？
●その結果から今回の結論に導けるの？　飛躍しすぎていない？
●単に実験結果を出しただけになっていない？
実験結果から言いたいメッセージが欠けていない？
●その主張をするためには、別の実験結果が必要なのではないか？
●複数の実験結果を比較しやすいように並べている？

正確か？

●単位は適切？
●グラフの種類の選択は適切？
●写真にスケールを入れた？
●再現性は確認している？
もう一度実験しても同じ結果になる？
●「なぜかわからないがこんな結果が得られた」といった内容になっていない？

考察・結論に関する問いかけ

オリジナリティはあるか？

●他の研究者の結果と比較した？
●結局何が言いたいの？
●作っただけになっていない？
●調べただけになっていない？
●比較しただけになっていない？
●すでにわかっていたことではないの？

客観的・論理的か？

●得られた結果から現象すべてを論じられるの？
もっとデータは必要でない？
それとも、もっとマクロな視点からの実験が必要ではない？
●その結果からはその結論を言えるの？　飛躍しすぎていない？
●単なる結果の紹介で終わってない？　考察となっている？
●目的と合致しない結論になってない？
たとえば「……を開発する」と主張しているのに、開発したかどうかでなく、単に知見を得たという結論になってない？

正確か？

●本当にそう言い切れるの？
●今後の展開について書いてあるが、ちょっと無理があるのでは？

第2部

「わかりやすい」スライドを作成する技術

各スライドで伝えたいことをいかにわかりやすく表せるか。そのために必要な手法や原則の中から用途が多く、すぐに効果を発揮するものを厳選紹介します。

7 伝わりやすいスライド作成のための基本概念

全体のスライド枚数に決まりはない

プレゼンでOHPスライドを使うのが主流だった時代からよく言われるのが、「スライド1枚につき、1分間の説明」という基準です。スクリーンに投写するOHPスライドは、だいたい1分間の説明ごとに切り替えていくのがかつて一般的でした。

この基準に沿うと与えられた発表時間が20分の場合、プレゼン全体で20枚を目安に作成していくことになります。この方法だと使えるスライド枚数にある程度限りがあるため、要素が押し込まれ気味で読み取りにくいスライドができてしまいます。

OHPスライドの代わりにPowerPointなどのソフトを使ってプレゼンをするのが一般的になった現在は、OHPスライドのときとはスライドの見せ方が異なります。見せたい実験結果が一目でわかる写真を使うスライドのように10秒ほど見せればよいものもあれば、ソフトのアニメーション機能を使い、口頭の説明に合わせて少しずつ要素を表示してじっくり1分以上見せるスライドもあります。

「スライド1枚につき、1分間の説明」の基準で全体のスライド枚数の目安を割り出すのは、もはや無意味なものと言えます。全体のスライド枚数に決まりはないと考え、発表時間内に収まる範囲で必要なスライドを揃えるとよいでしょう。

「スライド1枚＝伝えたいメッセージ1つ」

スライドの作成で基本概念となるのは、「スライド1枚＝伝えたいメッセージ1つ」です。この概念に基づいて作成されたスライドは、多くの聴衆にとって、伝えたいことが明確な「わかりやすい」ものになる可能性が非常に高くなり、また、発表者にとっては説明に時間のかからない「説明しやすい」スライドになります。

たとえば、スライド1枚に4つのメッセージを掲載すると、あらゆる要素が押し込まれてスライド上がごちゃごちゃしてしまいます。こうしたスライドは説明に時間がかかり、聴衆と発表者の双方にとってよいことはありません。このようなときは「スライド1枚＝伝えたいメッセージ1つ」の基本概念に基づき、4つのメッセージをスライド4枚に分けて掲載します（次ページ図）。これで各スライドで「伝えたいこと」が明確になります。

スライドで図や写真を使うべきか、あるいは文字列だけにするべきかは、それぞれのスライド

× スライド1枚に4つのメッセージ

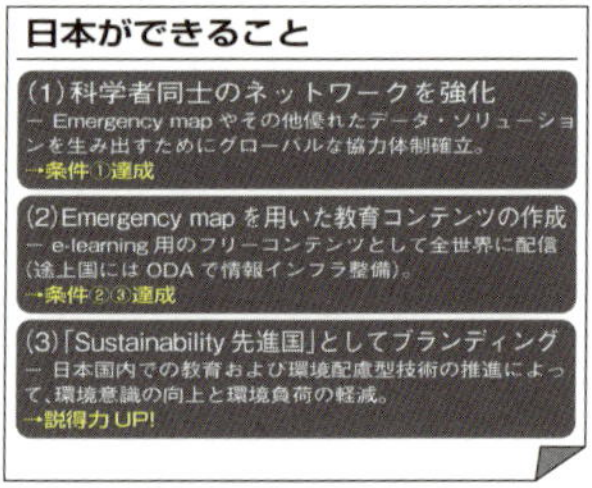
日本ができること
(1)科学者同士のネットワークを強化
ー Emergency map やその他優れたデータ・ソリューションを生み出すためにグローバルな協力体制確立。
→条件①達成
(2)Emergency map を用いた教育コンテンツの作成
ー e-learning 用のフリーコンテンツとして全世界に配信(途上国には ODA で情報インフラ整備)。
→条件②③達成
(3)「Sustainability 先進国」としてブランディング
ー 日本国内での教育および環境配慮型技術の推進によって、環境意識の向上と環境負荷の軽減。
→説得力UP!

○ 4つのメッセージをスライド4枚に分けて掲載

日本ができることは?
(1)科学者同士のネットワークを強化
ー Emergency map やその他優れたデータ・ソリューシ
ンを生み出すためにグローバルな協力体制確立。
(2)Emergency map を用いた教育コンテンツの作成
ー e-learning 用のフリーコンテンツとして全世界に配信
(途上国には ODA で情報インフラ整備)。
(3)「Sustainability 先進国」としてブランディン
ー 日本国内での教育および環境配慮型技術の推進によ
て、環境意識の向上と環境負荷の軽減。

「スライド1枚=伝えたいメッセージ1つ」

で「伝えたいこと」の内容次第です。「スライド1枚＝伝えたいメッセージ1つ」の基本概念に従い、そのスライドで「伝えたいメッセージ」が明確になっていると、スライドに必要なものが、図なのか写真なのか、あるいは文字列だけで済むのか、ということがある程度わかってくるはずです。

次節以降、わかりやすいスライド作成のための基本ルールを示していきます。これらのルールはあくまで、視認性（遠くからでもしっかりと内容を認識できる）、可読性（文章の読みやすさ）を考慮した基準です。みなさんが伝えたいメッセージには、それぞれの状況で最適なスライドがあります。本書で紹介するルールが、すべてのスライドにおいてぴったり当てはまらないこともありえます。

こうしたことを念頭に置きつつ、伝えたいメッセージと基本ルールを照らし合わせ、それぞれの状況に最適なスライドの作成を目指しましょう。

1枚のスライドにたくさんの情報を詰め込み過ぎない

プレゼン経験の少ない人が作成するスライドでよく見かけるのが、ごちゃごちゃしたスライドです。これは、1枚のスライドにたくさんの情報を詰め込み過ぎてしまうことに原因があります。

たくさんの情報を詰め込み過ぎると、発表者の説明はあっちこっちを指し示すことになるので、聴衆も視線をあっちこっちに移動させねばならず、落ち着いて説明を聞けなくなってしまいます（次ページ上図）。また、こうしたスライドは発表者にとっては、なんだか説明しにくい、説明にやたらと時間のかかるスライドになってしまうことがほとんどです。

ごちゃごちゃして見えるスライドには、文章だけで説明されているものも多くあります。中には、5～10行にもわたる説明文がスライド上に掲載され、聴衆が読むだけで精一杯なものもあります。こうしたスライドは、聴衆が内容を把握するのに時間がかかり、伝えたいメッセージを理解してもらうことが難しくなってしまいます（次ページ下図）。

伝えたい内容によっては、文章だけで説明する方がよい場合もあります。しかし、**図に置き換えられる説明が文章のまま放置されているのでは、メッセージを伝えることを放棄してしまっているのと同じです**。どんなに優れた発表内容でも、こうしたスライドを使っている限り、聴衆にメッセージは伝わらないでしょう。

まずは「スライド1枚＝伝えたいメッセージ1つ」の基本概念と、次節で説明する「Ｋｉｓｓの法則」を実行してみてください。なお、文章を図に置き換えることについては、9節で説明します。

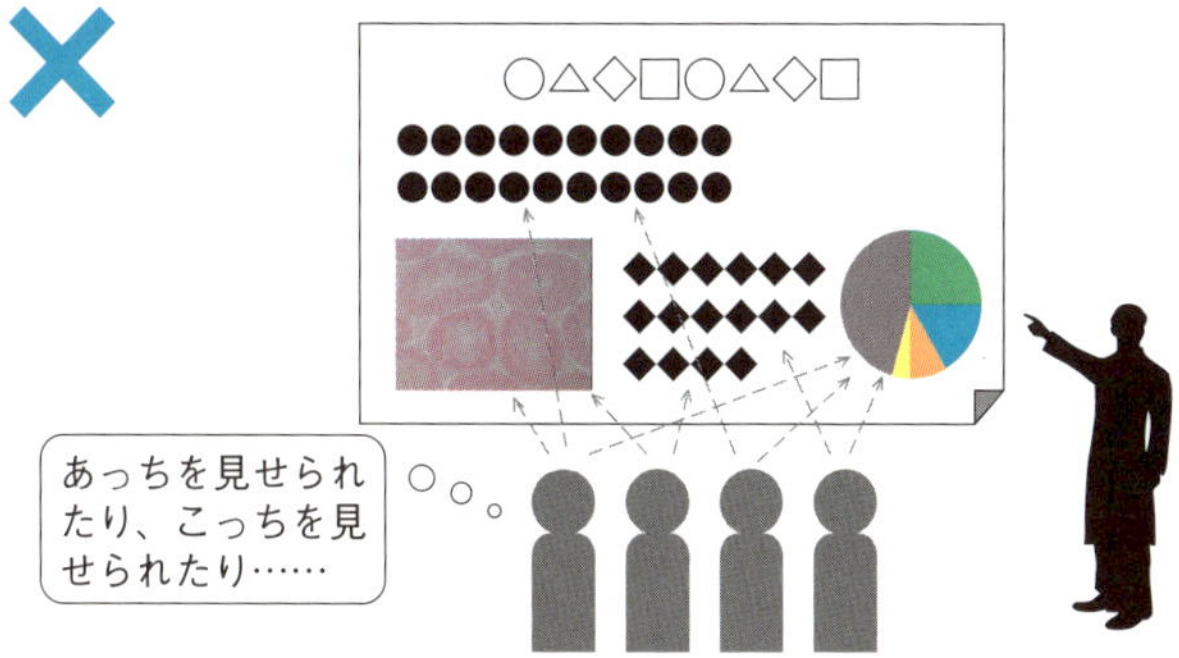

1枚のスライドにたくさんの情報を詰め込み過ぎると、聴衆は視線をあっちこっちに移動させねばならなくなる

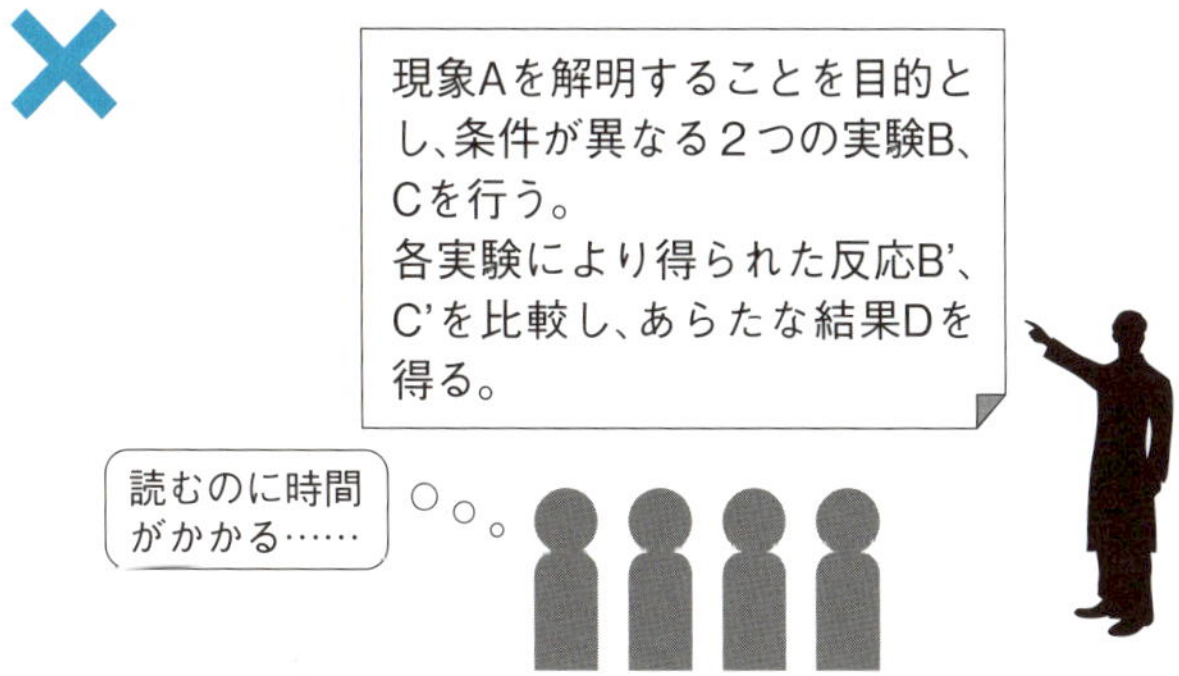

スライドが、文章だけで説明されていると、聴衆が内容を把握するのに時間がかかってしまう

8 「短く、単純な」メッセージにする

Keep it short and simple（短く、単純にする）

スライドでは、伝えたいメッセージを「短く、単純な」もので示すべきです。そのために念頭に置くとよいのが、次のフレーズです。

Keep it short and simple（短く、単純にする）

このフレーズは、英単語それぞれの頭文字である「K」「i」「s」「s」から、「Kissの法則」と呼ばれます。人に何かを説明する際の基盤となるもので、当然スライド作成にも役立ちます。

伝えたいメッセージを「短く、単純な」ものにするとは、情報を「凝縮」することです。単なる「省略」とは異なることをあらかじめ認識しておいてください。

×
スライドがごちゃごちゃして相手に伝わらなければなんの意味もありません。できるだけメッセージは短く、単純にすることが大事です！
……は？
○
短く、単純に！
おっ～！

Keep it short and simple
「Kissの法則」で、メッセージを「短く、単純な」ものに

スライド上の文章は簡潔にする

スライド上に文章を使うときは、簡潔なものにすべきです。「この文章はもっと短くできないのか?」「そもそもスライドに載せる必要があるのか?」を常に自問自答する習慣を付けましょう。

簡潔でない文章の悪例としてよくあるのが、「……であることがわかった」など、論文やレポートで使った台詞をそのままスライドに掲載してしまうパターンです。このような場合、「……であることが判明」など、体言止めに変更します（次ページ図）。

体言止めによって多くの文章を簡潔にできます。ただし、無理矢理体言止めにして意味が通らなくならないように、聴衆に正しく伝わる範囲内に留めることが条件となります。体言止めについては、新聞や雑誌の見出しなどが参考になるはずです。

スライドの文章を簡潔にするとき、判断基準となるのは「そのスライドでメッセージを伝えるのに必要かどうか」です。スライド上の情報として必要のない、ちょっとした文章には注意しましょう。

たとえば、「本研究では……」など、口頭で補えるフレーズはスライド上には必要ありません（54ページ図）。

×

本研究の目的

高機能 ASD 児と関わり手の自然会話における発話特徴を分析し、関わり手の発話特徴に対する介入を行う。介入前後の発話の特徴の量的、質的変化を比較する。

↓

○

本研究の目的

高機能 ASD 児と関わり手の
自然会話における発話特徴を分析
↓
関わり手の発話特徴に対する介入を行い、
介入前後の発話特徴の量的、質的変化を比較

文章を体言止めに変更し、簡潔にする例

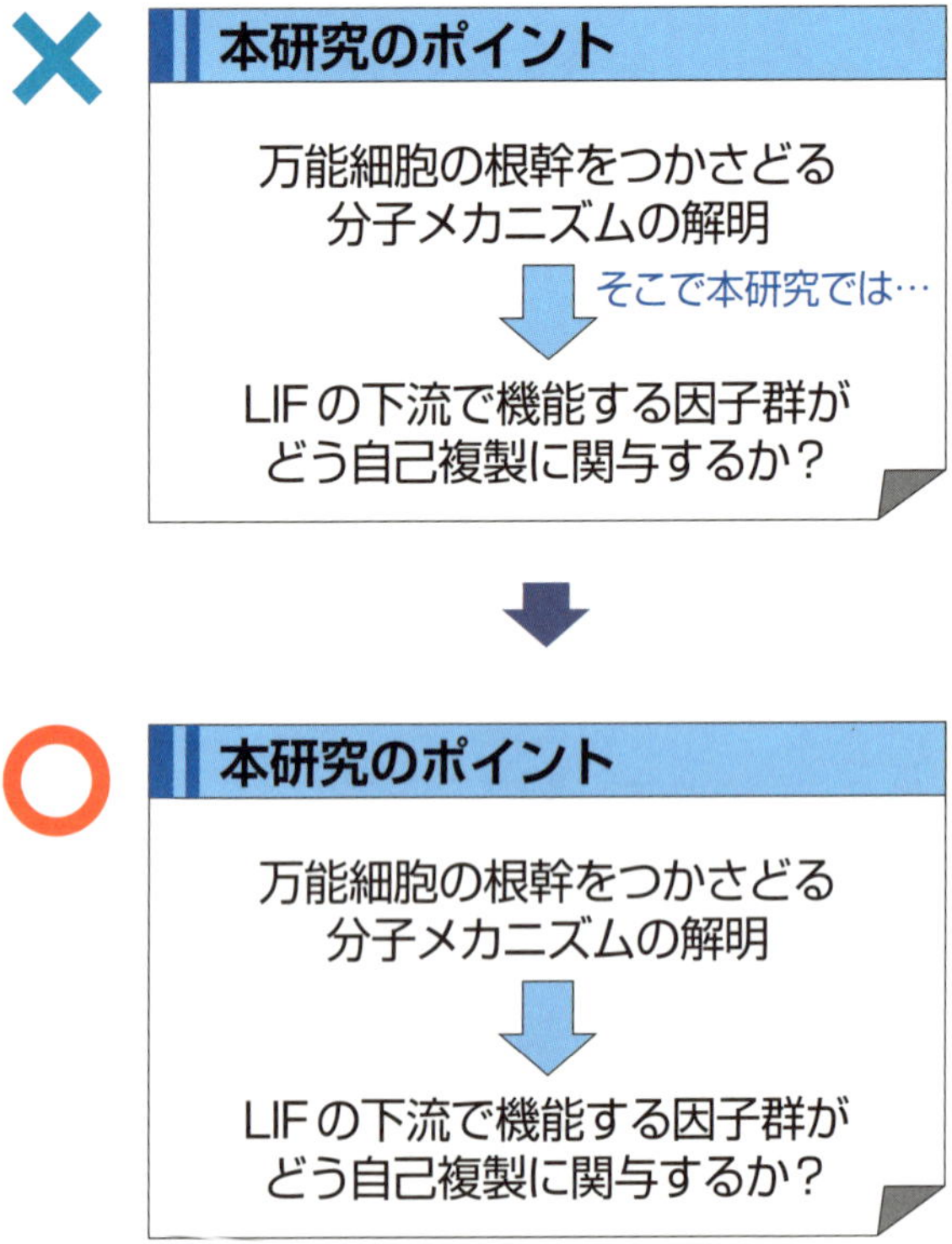
×
本研究のポイント
万能細胞の根幹をつかさどる
分子メカニズムの解明
そこで本研究では…
LIFの下流で機能する因子群が
どう自己複製に関与するか？
○
本研究のポイント
万能細胞の根幹をつかさどる
分子メカニズムの解明
LIFの下流で機能する因子群が
どう自己複製に関与するか？

スライド上の情報として必要のない
「そこで本研究では…」を省き、簡潔にする例

COLUMN

情報によっては質疑応答で補うことも検討

研究発表などでは、正確に情報を載せる必要性を重視するあまり、1枚のスライドに多くの情報を載せ過ぎてしまうことがあります。

この場合、すべての情報を載せるのではなく、質問が出たら答えればよい、というぐらいのスタンスで割り切って、スライドは必要最低限の情報に絞ることを検討しましょう。

口頭説明なしでもメッセージが伝わるスライドを目指す

伝えたいメッセージを「短く、単純な」ものにすると、掲載する情報量も減っていきます。伝えたいことが伝わる範囲で、どこまで文章量を減らせるのかを判断するのは、慣れないうちは簡単ではありません。

スライド上の情報量を極限まで減らしたとしても、ある程度は口頭説明で補うことが可能です。プレゼンの上級者レベルになると、あえて文章量の少ないスライドで極限まで情報を絞り込み、伝えたいメッセージを強調しておいてから、口頭説明で聴衆を惹きつける方法を取ることがあります。

基調講演、招待講演を行う人や、TEDプレゼンテーターなどのプレゼンでは、よくこの手法を見かけます（TEDとは、Technology Entertainment Design の略で、広める価値のあるアイデアを発表するグループのこと）。

スライドに掲載する情報量を減らしていくと、いかに口頭説明で聴衆を惹きつけられるかが重要となってきますが、その口頭説明は簡単なものではありません。発表者のプレゼン力も必要ですし、聴衆がもともと持つ発表者への注目度が影響するからです。

著名な人が行う口頭説明なら、ほとんどの聴衆は「一言たりとも聞き逃すまい」という姿勢で聞くはずです。しかし残念ながら、本書を手に取るみなさんのように、研究の途中経過の発表など、日常的なレベルのプレゼンを行う人たちに対して、聴衆はそれほど前のめりで注目してくれないものです。そのため、口頭説明を中心に聴衆をプレゼンに惹きつけようとするのは、あまり得策とは言えないでしょう。

本書を手に取るみなさんに目指して欲しいのは、**「口頭説明なしでもメッセージが伝わるスライド」です。スライドを見た聴衆が、瞬時に発表者が伝えたいメッセージを理解でき、口頭説明の内容を予測できるくらいのスライドが理想です。**

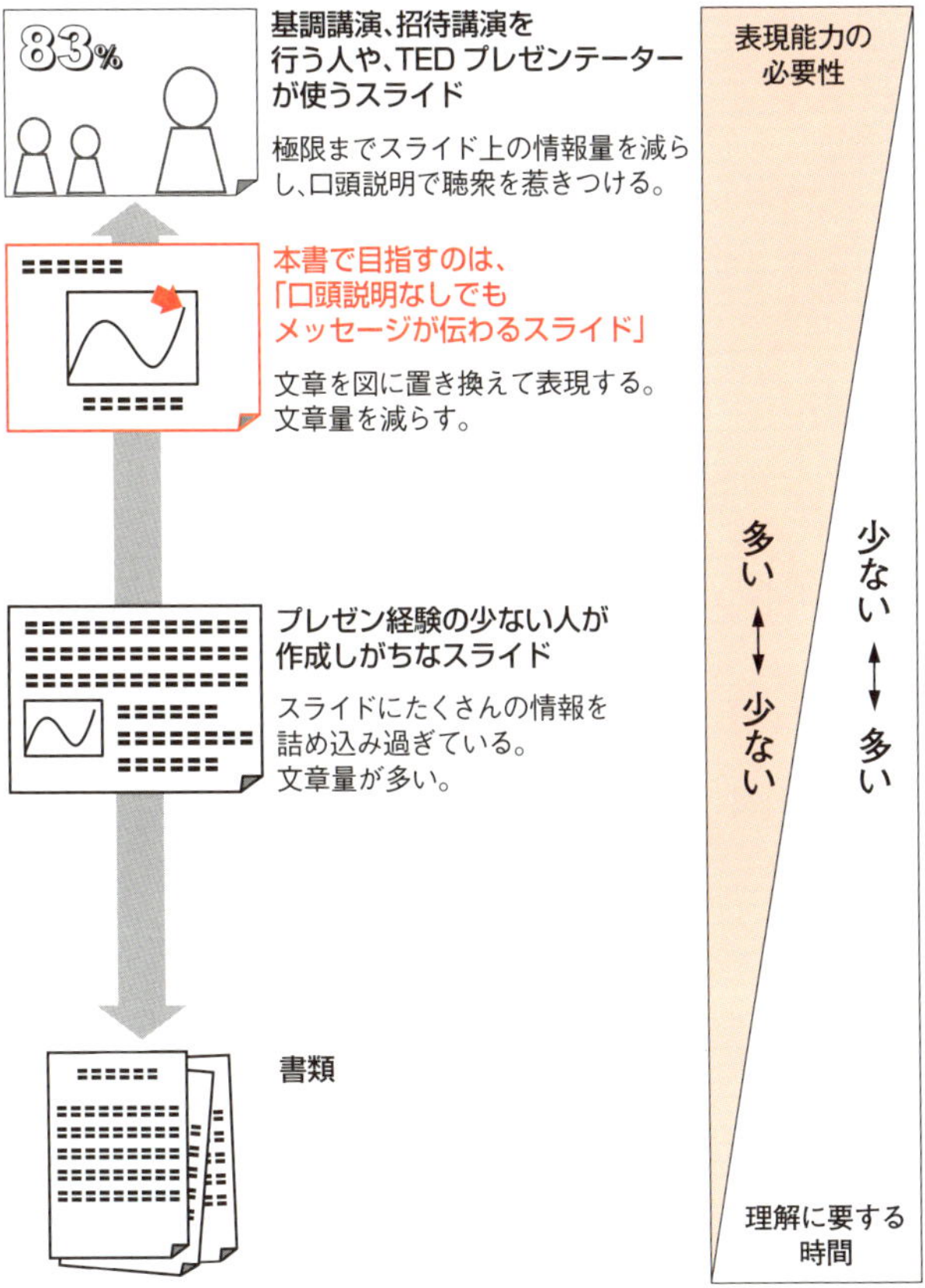
83%
基調講演、招待講演を
行う人や、TEDプレゼンテーター
が使うスライド
極限までスライド上の情報量を減らし、口頭説明で聴衆を惹きつける。
本書で目指すのは、
「口頭説明なしでも
メッセージが伝わるスライド」
文章を図に置き換えて表現する。
文章量を減らす。
プレゼン経験の少ない人が
作成しがちなスライド
スライドにたくさんの情報を
詰め込み過ぎている。
文章量が多い。
書類
表現能力の
必要性
多い
少ない
少ない
多い
理解に要する
時間

「口頭説明なしでもメッセージが伝わるスライド」を、理解に要する時間と必要な表現能力という観点で他のスライドと比較した図スライドは、口頭説明と同じメッセージが可視化されたものであるべきです。「スライドにも語らせる」ことを念頭に置いておきましょう。

本書で目指す「口頭説明なしでもメッセージが伝わるスライド」について、理解に要する時間と必要な表現能力という観点で他のスライドと比較すると、前ページの図のようになります。

COLUMN

安易にTED風のスライドを真似しない

2000年代半ばくらいから、スライド形式として多くの人にとって理想とされているのがTED Conferenceで用いられるスタイルのスライドです。

TEDの典型的なスライド形式には、印象的な写真をスライドの背景に入れ、その上にシンプルな単語や、短い文章を掲載するというものがあります。洗練された印象になるので、多くの人があこがれていると思います。

優れたプレゼンのスライドのデザインを参考にするのはよいことです。しかし、TED風のスライドにふさわしくない発表の場や、前後のスライドと文脈がつながらないところでの利用は避けるべきです。また、安易にTED風のスライドを真似することに慣れてしまうと、簡単に口頭で説明できることや、図解で表現できることもTED風のスライドにしてしまいがちです。伝えたいメッセージをわかりやすくする手段の一つとして、「TED風のスライドが参考になることもある」という程度の認識にしておきましょう。

9 わかりやすくするためのデザイン的手法

3つのデザイン的手法

伝えたいことや、スライドの概要がおおよそ定まったとします。しかし、いざスライドを作成するとなると、どのようにスライドをデザインすべきか手探り状態になってしまい、悩むことが多いのではないでしょうか。

悩まずにスライドをデザインしていくには、聴衆の目線を「伝えたいこと」へ上手に導く3つのデザイン的手法が役立ちます。

手法1……コントラスト
手法2……グルーピング
手法3……イラストレーション

それぞれ、どのようなものか説明します。

手法1　コントラスト

コントラストとは、「強弱の差」のことです。デザイン的手法では「強弱の差」を利用して、最も伝えたいことを目立たせます。**スライドを見た聴衆の目線が、真っ先に伝えたいことへ導かれるようにする手法です。**

たとえば次のような方法で聴衆の目線を導きます。

・文章中のキーワードに色を付ける
・図中の重要な箇所のみ色を付ける
・重要な一文の書体(フォント)を太くする

×

すべての人が現在の生活に不満を感じておらず、将来の自分の生活に対する脅威がない社会

↓

○

すべての人が現在の生活に不満を感じておらず、将来の自分の生活に対する**脅威がない社会**

コントラストの例　文章中のキーワードに色を付ける

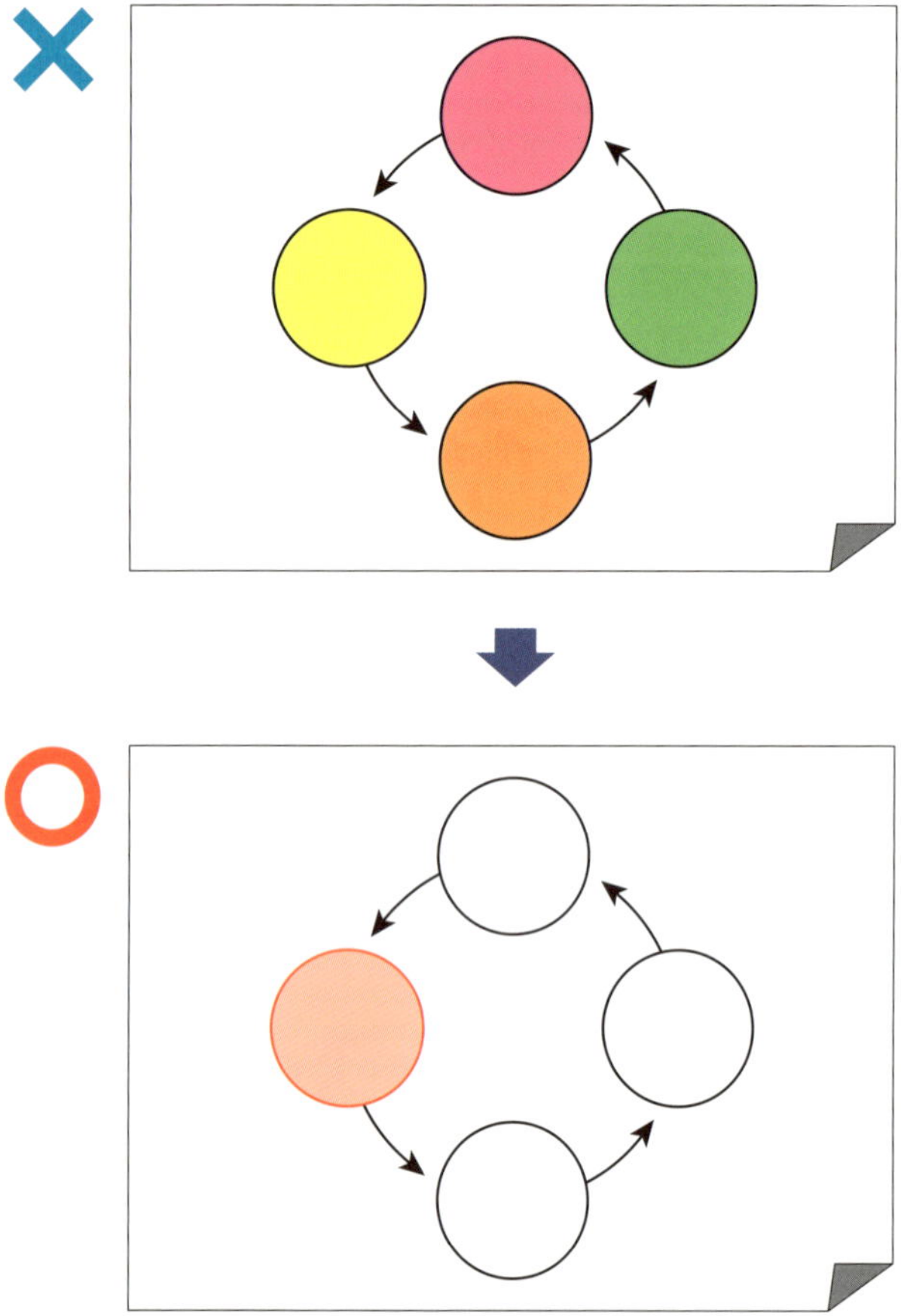

コントラストの例　図中の重要な箇所のみ色を付ける

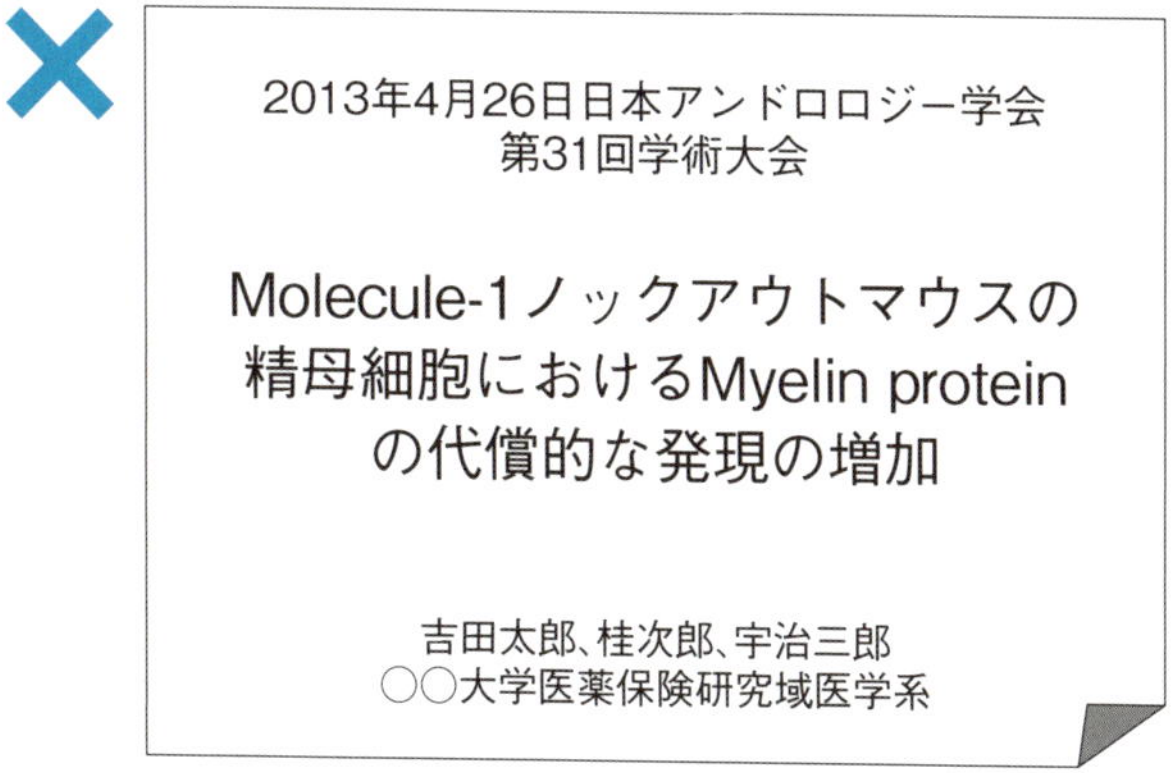
2013年4月26日日本アンドロロジー学会
第31回学術大会
Molecule-1ノックアウトマウスの
精母細胞におけるMyelin protein
の代償的な発現の増加
吉田太郎、桂次郎、宇治三郎
○○大学医薬保険研究域医学系

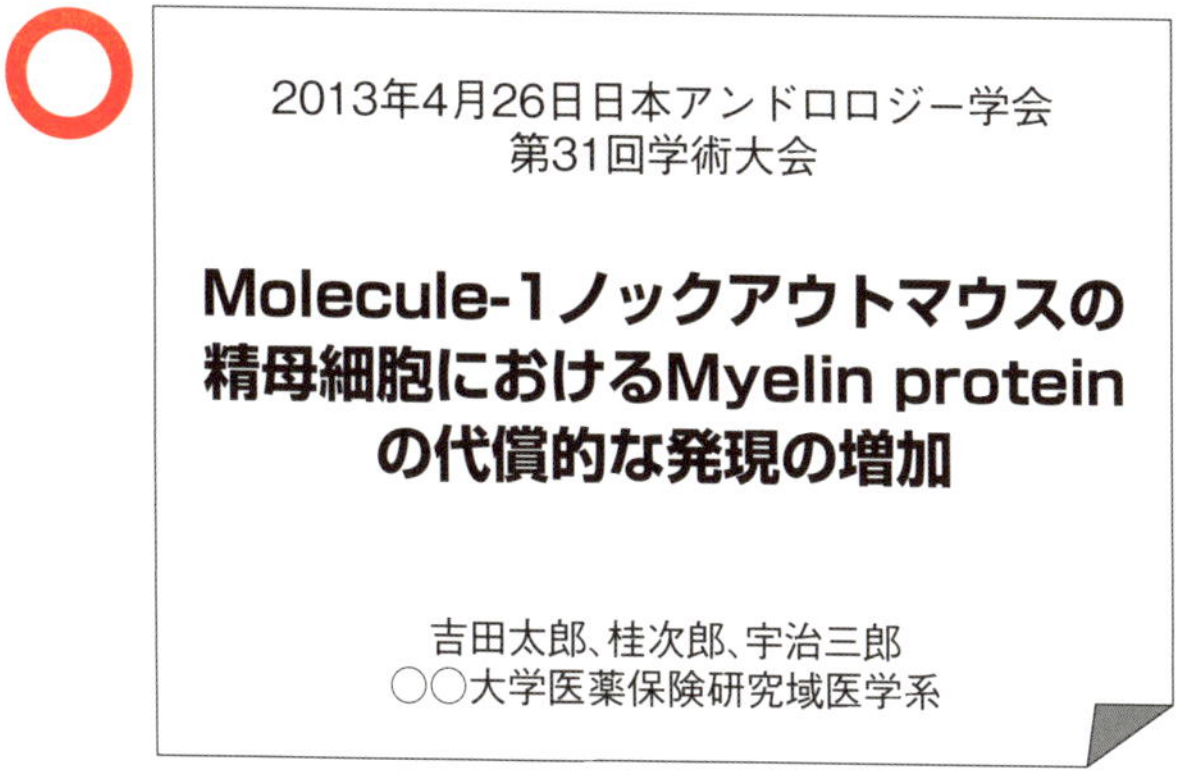
2013年4月26日日本アンドロロジー学会
第31回学術大会
Molecule-1ノックアウトマウスの
精母細胞におけるMyelin protein
の代償的な発現の増加
吉田太郎、桂次郎、宇治三郎
○○大学医薬保険研究域医学系

コントラストの例　重要な一文の書体(フォント)を太くする

注意すべきは、**目立たせる箇所の割合を、原則としてスライド上の1割程度に留めることです。**これ以上の割合になると他の部分との差がわかりにくくなり、目立たなくなってしまいます。また、目立つ色は1色に限定することも大切です。目立つ色が複数あると、どれが一番伝えたいことなのか判断できなくなってしまいます。

手法2　グルーピング

グルーピングとは、「くくる（分類する）」ことです。デザイン的手法では要素を「くくる（分類する）」ことで、関連性を明確にし、**スライドを見た聴衆が、情報のまとまりを自然と理解できるようにする手法です。**

たとえば次のようなものがあります。

- **箇条書きされた文章の行間を少し広げる**
- **コンテンツとコンテンツの間に隙間をあける**
- **同じ種類の要素を縦（または横）方向に揃える**

スライド上に並ぶ要素と要素の間隔が狭いと、それぞれの要素を識別しにくくなったり、どの

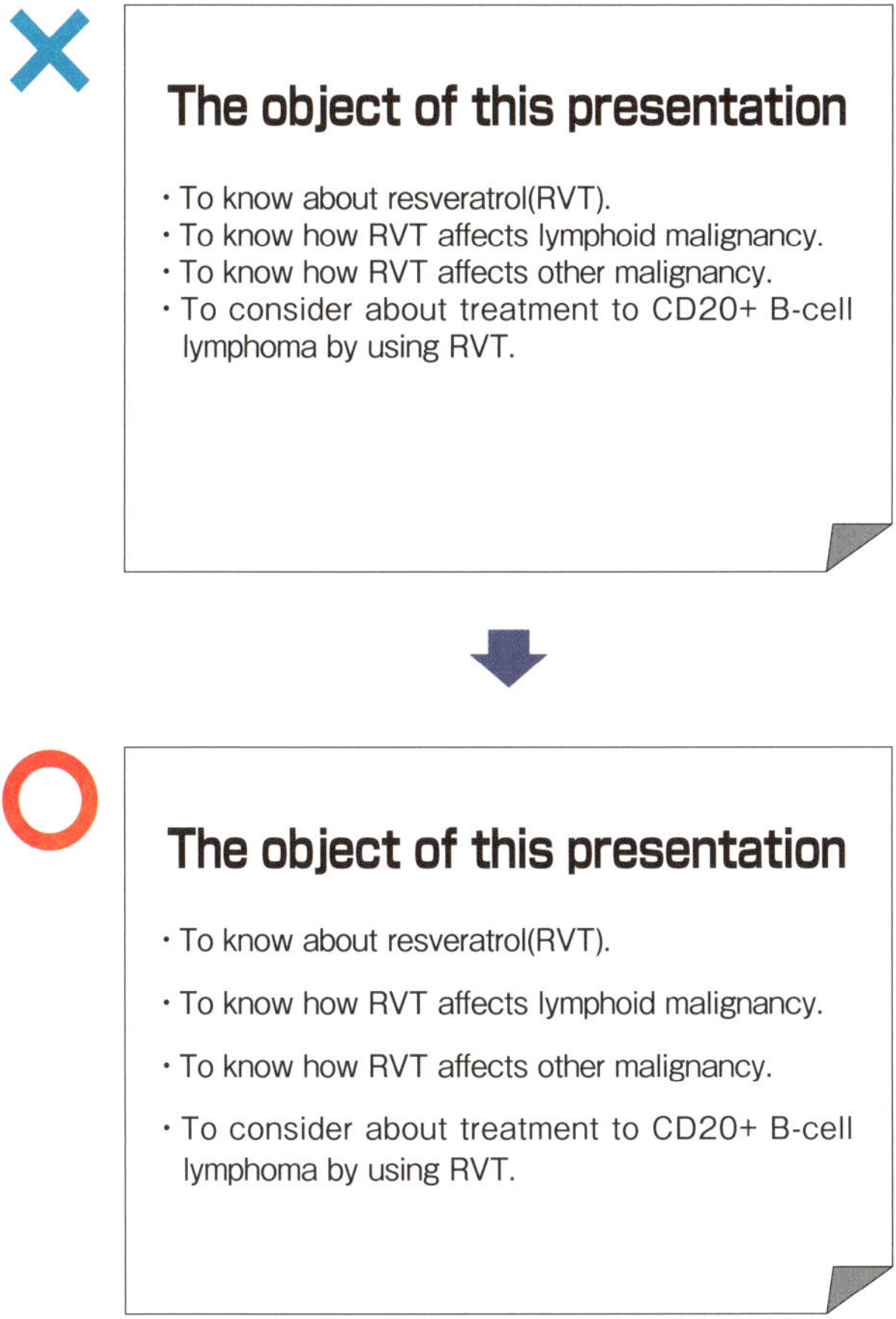
×
The object of this presentation
・To know about resveratrol(RVT).
・To know how RVT affects lymphoid malignancy.
・To know how RVT affects other malignancy.
・To consider about treatment to CD20+ B-cell lymphoma by using RVT.
○
The object of this presentation
・To know about resveratrol(RVT).
・To know how RVT affects lymphoid malignancy.
・To know how RVT affects other malignancy.
・To consider about treatment to CD20+ B-cell lymphoma by using RVT.

箇条書きされた文章の行間を少し広げることで、
４つの項目があることを識別しやすくなる

グルーピングの例

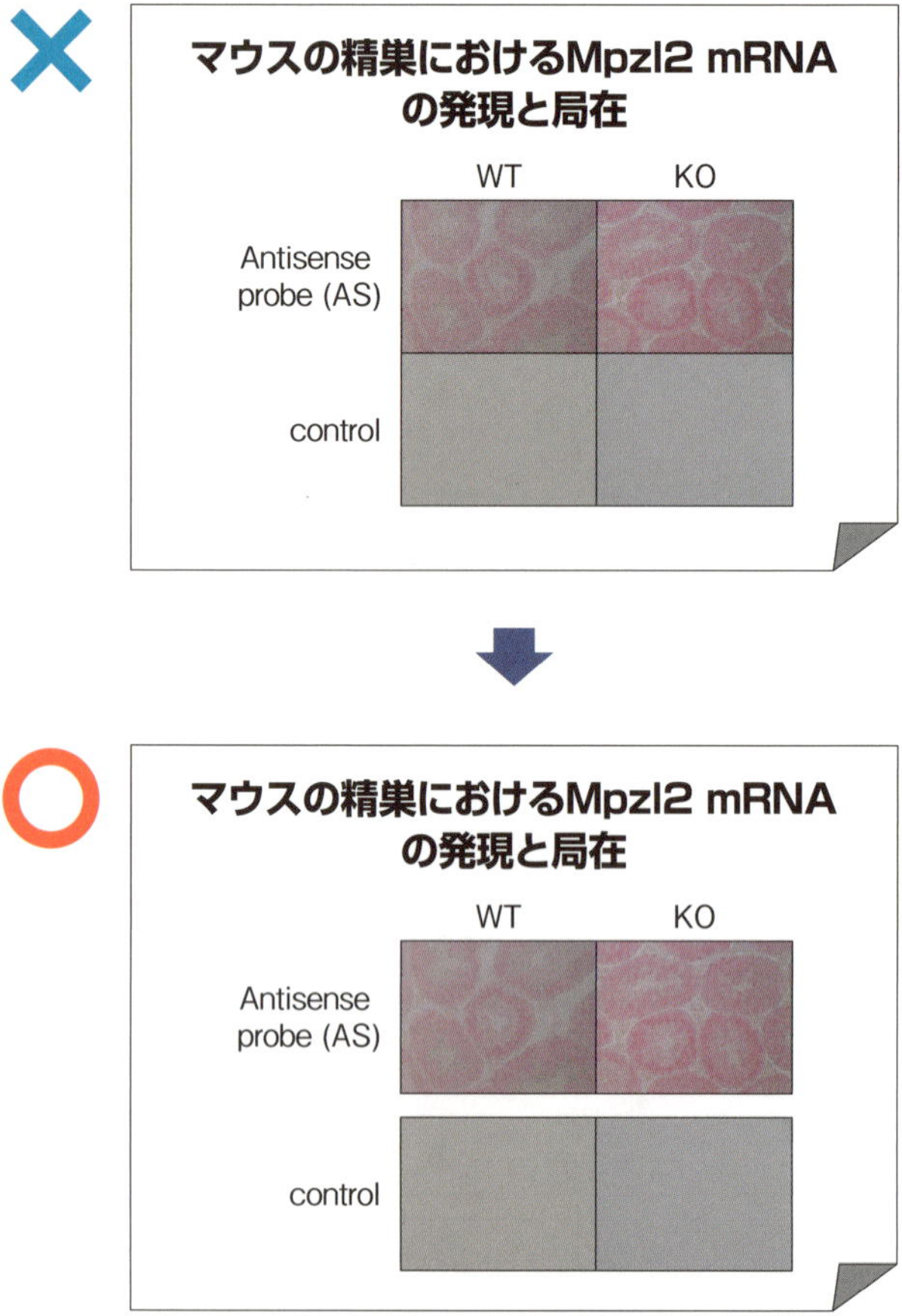
マウスの精巣におけるMpzl2 mRNA
の発現と局在
WT
KO
Antisense
probe (AS)
control
マウスの精巣におけるMpzl2 mRNA
の発現と局在
WT
KO
Antisense
probe (AS)
control

コンテンツとコンテンツの間に隙間をあけることで、横向きにコンテンツを比較すればよいことが自然とわかる

グルーピングの例

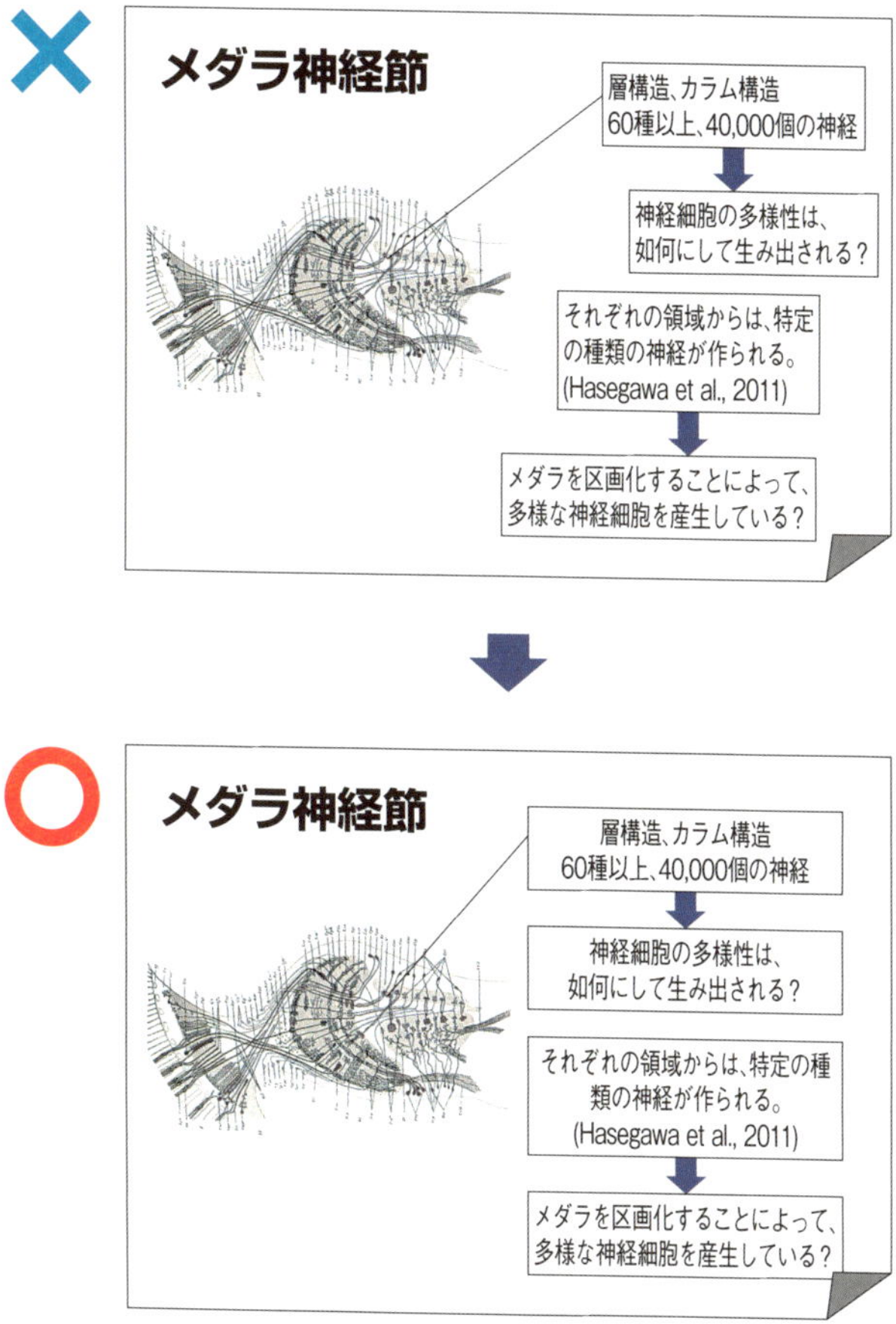

同じ種類の要素を縦方向に揃えることで、
スライド全体がスッキリとした印象になる

グルーピングの例

向きで要素を比較すればよいのか判断しにくくなったりします。また、揃えておくべき要素の配置が揃っていないと、スライド全体がごちゃごちゃした印象を与えてしまいます。

COLUMN

「見えない線」を意識してスライドをデザインする

スライド上に写真や文字列、図などを配置するときは、「見えない線」を意識すべきです。「見えない線」とは、文字どおりスライド上に表示されてはいないものの、聴衆が無意識に見ている線のことです（次ページ図の青色線）。

この「見えない線」が多く、縦方向や横方向に交差しているスライドは、ごちゃごちゃした印象を与えます。「空いたスペースを埋める」という考えが先行すると、そのようなスライドになってしまいがちです。コンテンツの関連性を考え、揃えるべきところは揃えるとよいでしょう。

ただし「見えない線」が少なければ必ずよい、ということではありません。聴衆の目線を操作する目的で、「見えない線」を利用するよう心がけてください。

不慣れなうちは、「聴衆にどんな線が見えるのか」を意識することから始めるとよいでしょう。

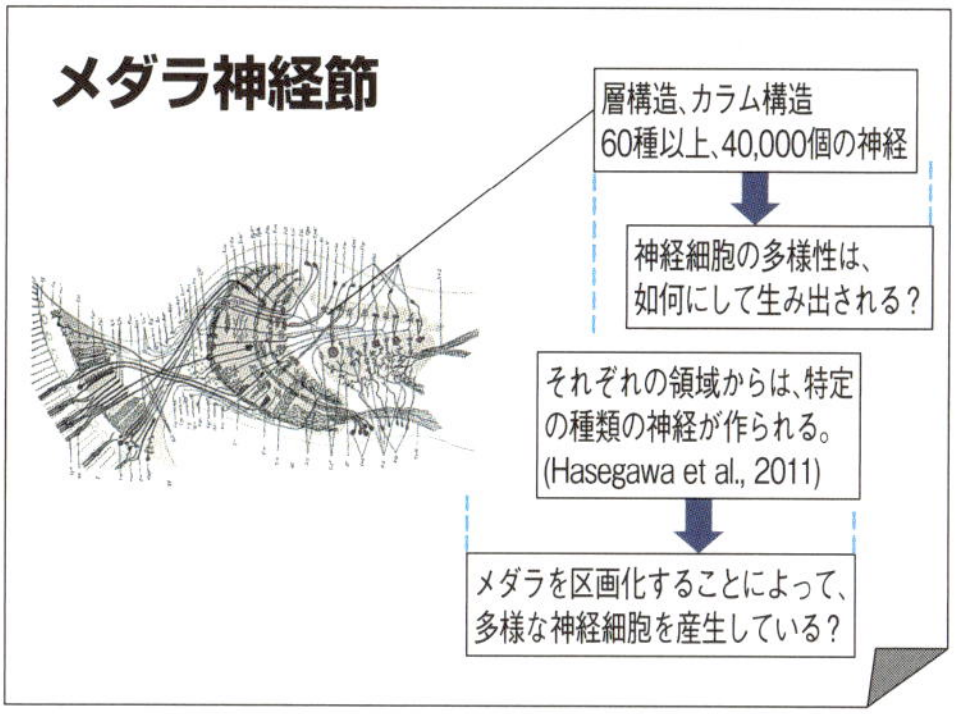
メダラ神経節
層構造、カラム構造
60種以上、40,000個の神経
神経細胞の多様性は、
如何にして生み出される？
それぞれの領域からは、特定
の種類の神経が作られる。
(Hasegawa et al., 2011)
メダラを区画化することによって、
多様な神経細胞を産生している？

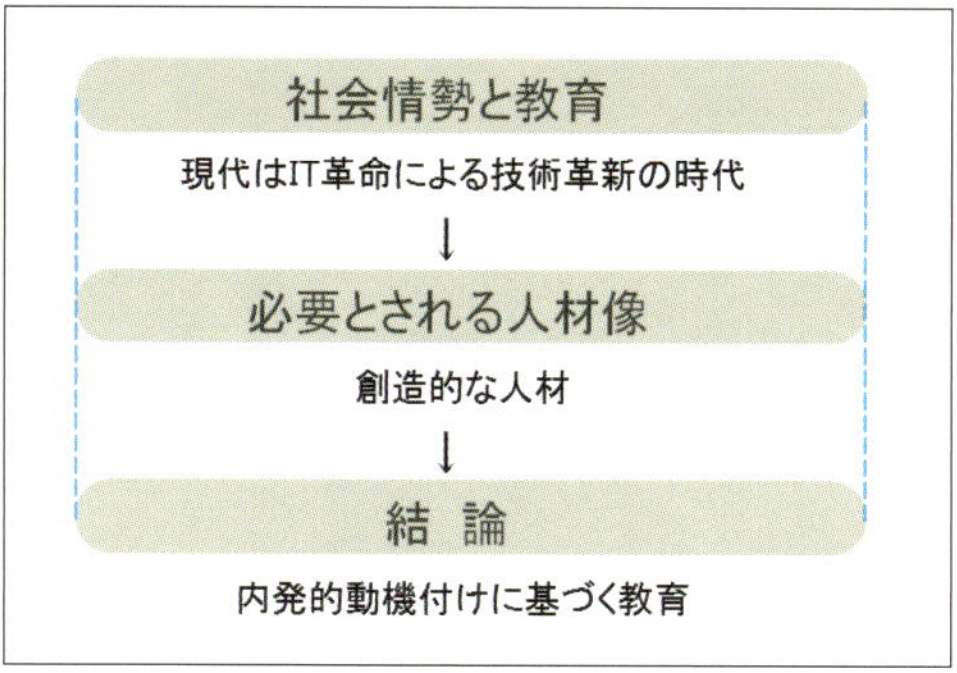
社会情勢と教育
現代はIT革命による技術革新の時代
必要とされる人材像
創造的な人材
結　論
内発的動機付けに基づく教育

「見えない線」の例

手法3　イラストレーション

イラストレーションとは、「文章を図に変換する」ことです。これは、「わかりやすい」スライド作成における基幹技術と言っても過言ではありません。**文章で説明する内容を図に表すことで、聴衆が文章を読む負担を軽減し、短時間で視覚的に内容を理解できるようになるからです。**

イラストレーションのわかりやすい例として、道路標識があります。道路標識は、運転中に短時間で視覚的に理解できるような図で表されています。もし、道路標識が文章で「ここからは時速50キロ以内で走行すべし」などと書かれていたら、走行中では判読できないでしょう（脇見運転で事故を起こす恐れもあります）。スライドにおけるイラストレーションには、道路標識と同じ役割があるのです。

筆者は、これまで開催したセミナーなどを通して、学生や研究者、社会人の人たちが作成したスライドやポスターの修正指導を数多く行ってきました。さまざまな修正指導の中で、最も多くの作業を占めるのがイラストレーションです。スライドで伝えたい内容が文章のまま放置されているケースは非常に多くあります。「わかりやすい」スライドを目指す上で最もマスターしておきたい手法が、このイラストレーションなのです。

イラストレーションの基本的なステップ

「文章を図に変換する」作業は、論理展開や文脈を可視化することとも言えます。慣れないうちはなかなかスムーズに進めにくいかもしれませんが、まずはここで紹介する基本的なやり方を意識してやってみることが大切です。この作業に慣れてくると、論理的に物事を考えられるようになり、プレゼンに限らず、日頃の研究や仕事にもよい影響が出ることも期待できます。

基本的なやり方は、次の5つのステップに分かれます。

① 伝えたい内容を文章にする
② キーワードを抽出する
③ キーワードを分類する（グルーピング）
④ 相互関係を表現する
⑤ 内容を可視化する

まず、スライドで伝えたい内容を文章にします（①）。次に、文章の中から、伝えたいキーワードとなる単語や文を抜き出します（②）。抜き出したキーワードは、その内容ごとに分類します（③）。そのあと、分類したキーワード同士の相互関係を矢印などを用いた図に表現します

イラストレーションの基本的な５つのステップ

①伝えたい内容を文章にする

現象Aを解明することを目的とし、条件が異なる２つの実験B、Cを行う。各実験により得られた反応B'、C'を比較し、あらたな結果Dを得る

②キーワードを抽出する

現象Aを解明することを目的とし、条件が異なる２つの実験B、Cを行う。各実験により得られた反応B'、C'を比較し、あらたな結果Dを得る

③キーワードを分類する

現象A	実験B 反応B'	実験C 反応C'	結果D

④相互関係を表現する

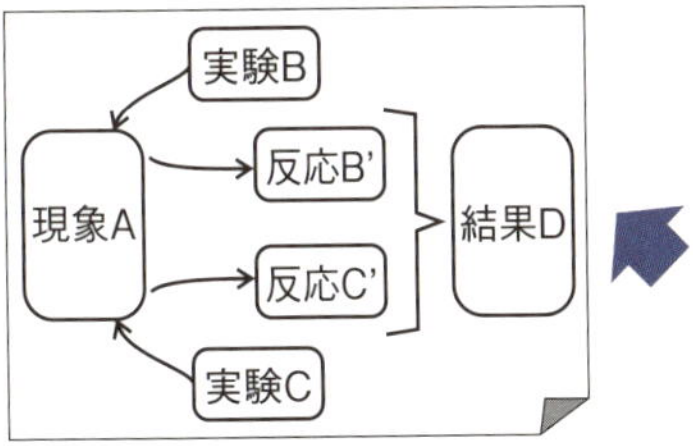

⑤内容を可視化する

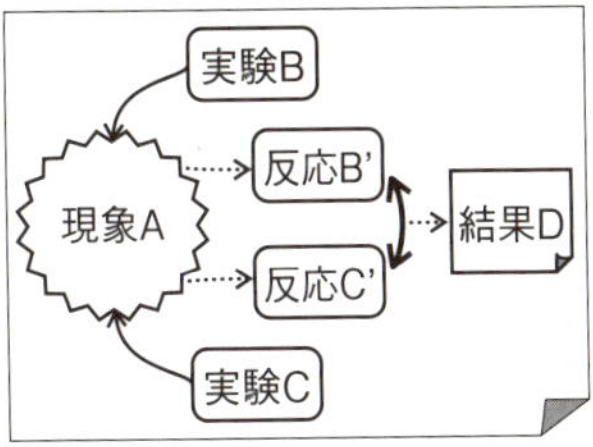

く説明します。

④）。このステップは、イラストレーションにおいて、最もキモとなる部分です。このあと詳しく説明します。

相互関係を表現したら、最後に、図を洗練したものに変更する、「！」や「？」など、内容を象徴する記号を入れるなどの味付けを全体にして、内容をよりわかりやすく可視化します（⑤）。

相互関係を表現する図解の例

イラストレーションの基本的なステップ④で紹介した「相互関係を表現する」は、「文章を図に変換する」作業が成功するかどうかの分かれ目となる重要な部分です。相互関係の種類ごとに、いくつかの代表的な図解のパターンがあるので、それらを参考にしてそれぞれの発表に合わせてアレンジしていくとよいでしょう。

相互関係の種類には、次のようなものがあります。

・時間やプロセスなどの「流れ」を表現する
・「論理展開」を表現する
・「分散、拡散」を表現する
・「複数の軸」で表現する

相互関係を表現する図は、四角形や円形、矢印など、簡単な部品だけでも描くことができます。それぞれどのようなパターンがあるのか、紹介します。

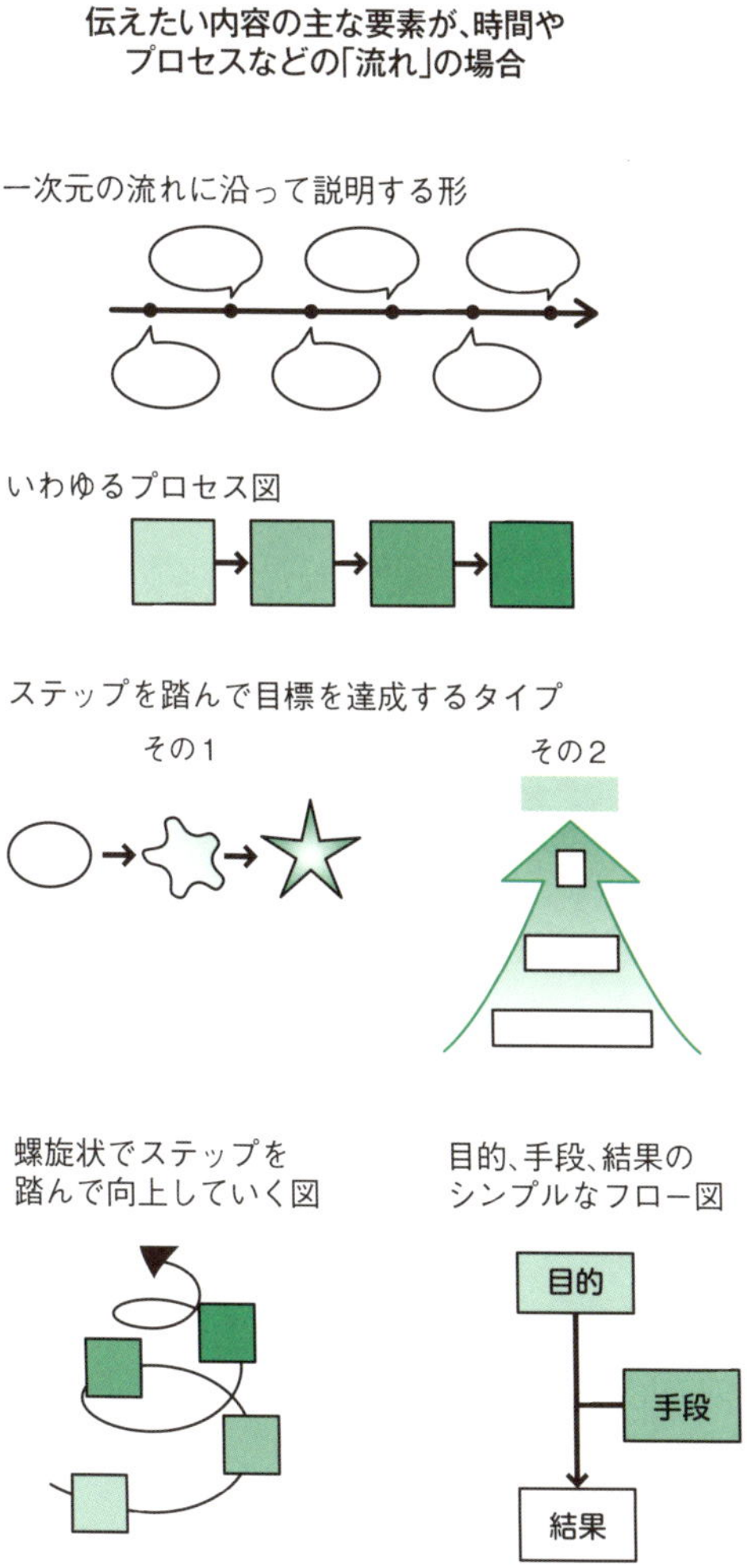

伝えたい内容の主な要素が、時間やプロセスなどの「流れ」の場合
一次元の流れに沿って説明する形
いわゆるプロセス図
ステップを踏んで目標を達成するタイプ
その1
その2
螺旋状でステップを踏んで向上していく図
目的、手段、結果のシンプルなフロー図
目的
手段
結果

伝えたい内容の主な要素が、
「論理展開」の場合

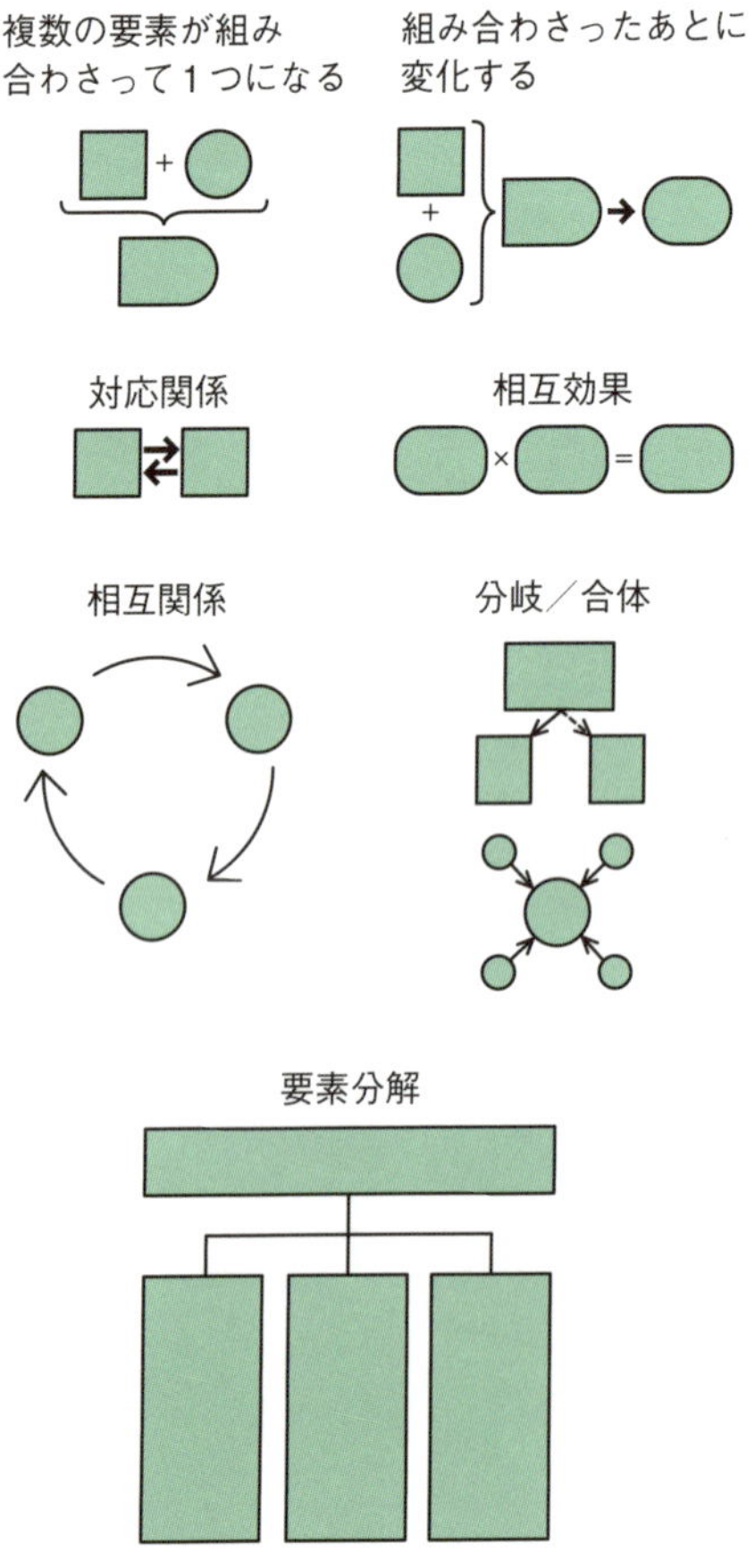
複数の要素が組み
合わさって1つになる
組み合わさったあとに
変化する
対応関係
相互効果
相互関係
分岐／合体
要素分解

伝えたい内容の主な要素が、
「分布、拡散」の場合

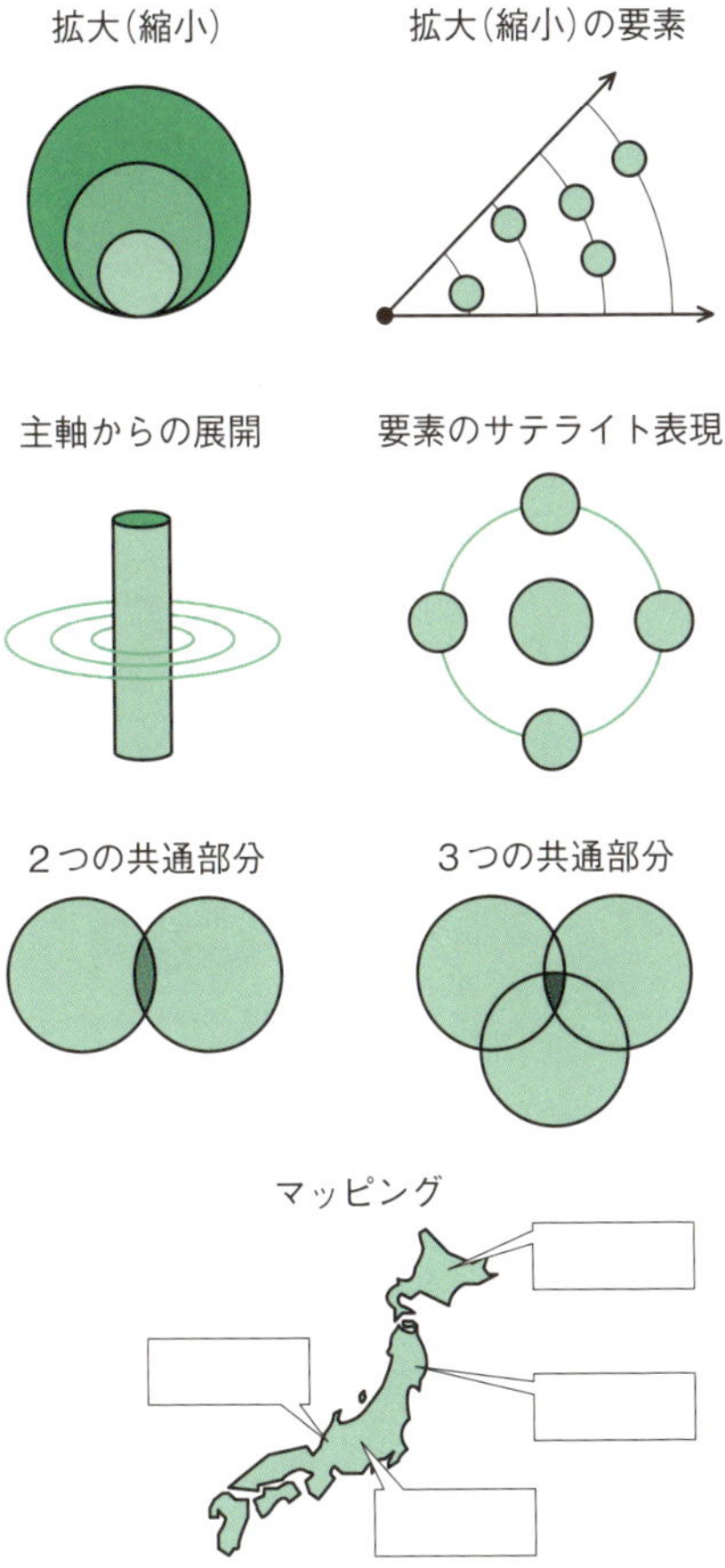
拡大(縮小)
拡大(縮小)の要素
主軸からの展開
要素のサテライト表現
2つの共通部分
3つの共通部分
マッピング

伝えたい内容の主な要素が、
「複数の軸」の場合

2軸

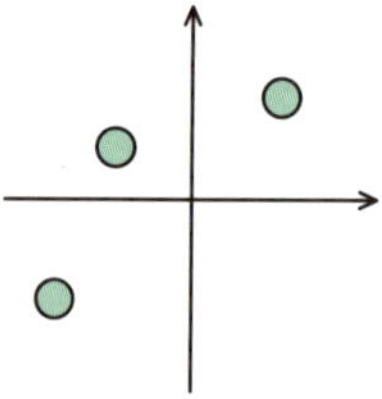

マトリクス

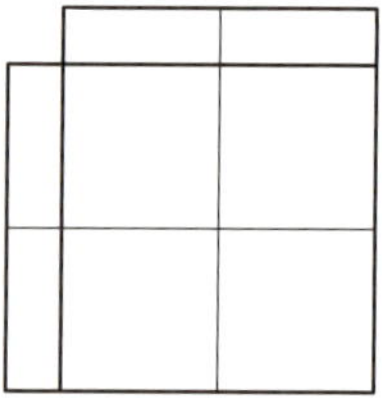

3軸

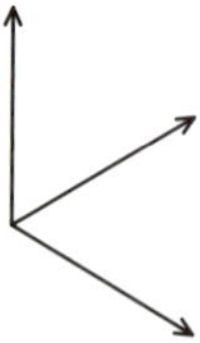

バブルチャート

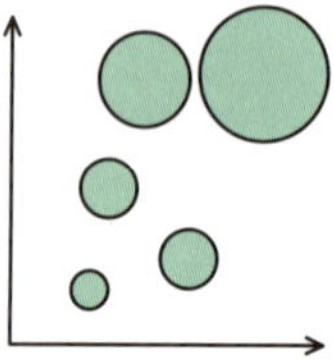

3つのデザイン的手法の実例

ここでは、本節で説明した3つのデザイン的手法の実例を紹介します。それぞれの実例では、①→②→③の順番で、デザイン的手法を用いてスライドが修正される過程を示しています。

すべての修正で共通する基本的な考え方は、**聴衆の目線を伝えたい情報に自然と導くことです**。「このスライドを見る人の目線を、どこに導きたいのか」「考えなくても自然と順番通りに情報を追ってくれるようにするには、どう配置するとよいか」といったことを念頭に修正しています。

主にコントラストを修正する例

コントラストを中心に、グルーピングの手法も取り入れた例です。ここでは、2種類のデータの比較を表すスライドを、それぞれの流れに自然と目線が導かれるように修正しています。

修正前は、スライド上で使われている色数が多く、注目すべき箇所が一目でわかりません（次ページ上図①）。

そこで、コントラストの手法で矢印の色を目立たない灰色に変更したのが②のスライドです（次ページ下図）。2つのデータの違いである「神経母細胞」を「維持」しているかどうかの結果

①

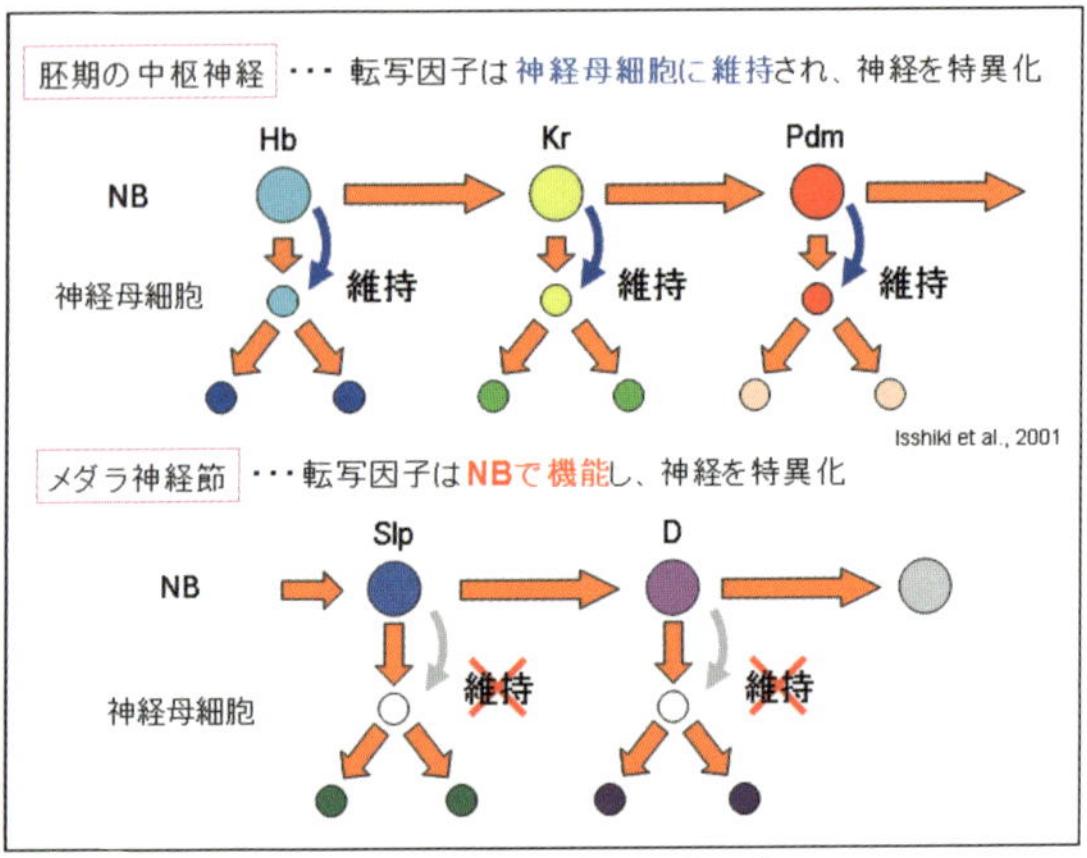
胚期の中枢神経
・・・ 転写因子は神経母細胞に維持され、神経を特異化
Hb
Kr
Pdm
NB
神経母細胞
維持
維持
維持
Isshiki et al., 2001
メダラ神経節
・・・転写因子はNBで機能し、神経を特異化
Slp
D
NB
神経母細胞
維持
維持

注目すべき箇所がわかりにくい

②

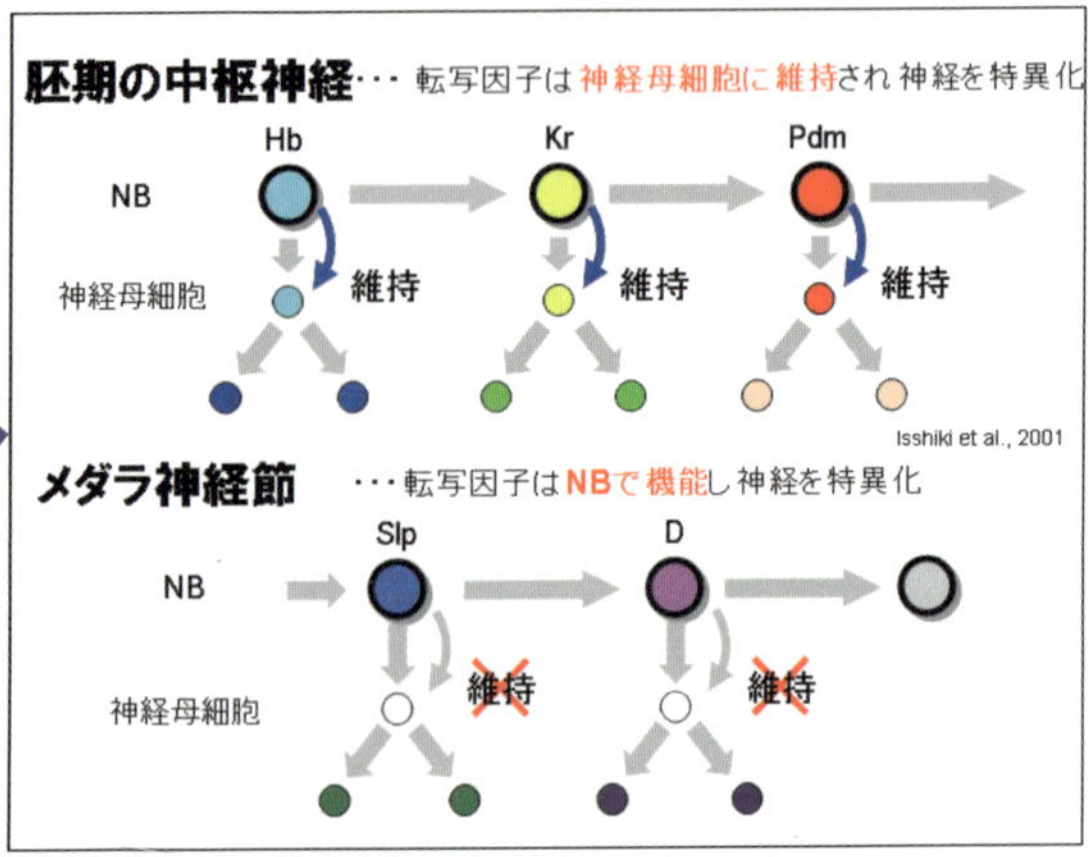
胚期の中枢神経
・・・ 転写因子は神経母細胞に維持され 神経を特異化
Hb
Kr
Pdm
NB
神経母細胞
維持
維持
維持
Isshiki et al., 2001
メダラ神経節
・・・転写因子はNBで機能し 神経を特異化
Slp
D
NB
神経母細胞
維持
維持

矢印の色を変更し、目線を伝えたい情報に自然と導く（コントラスト）

③

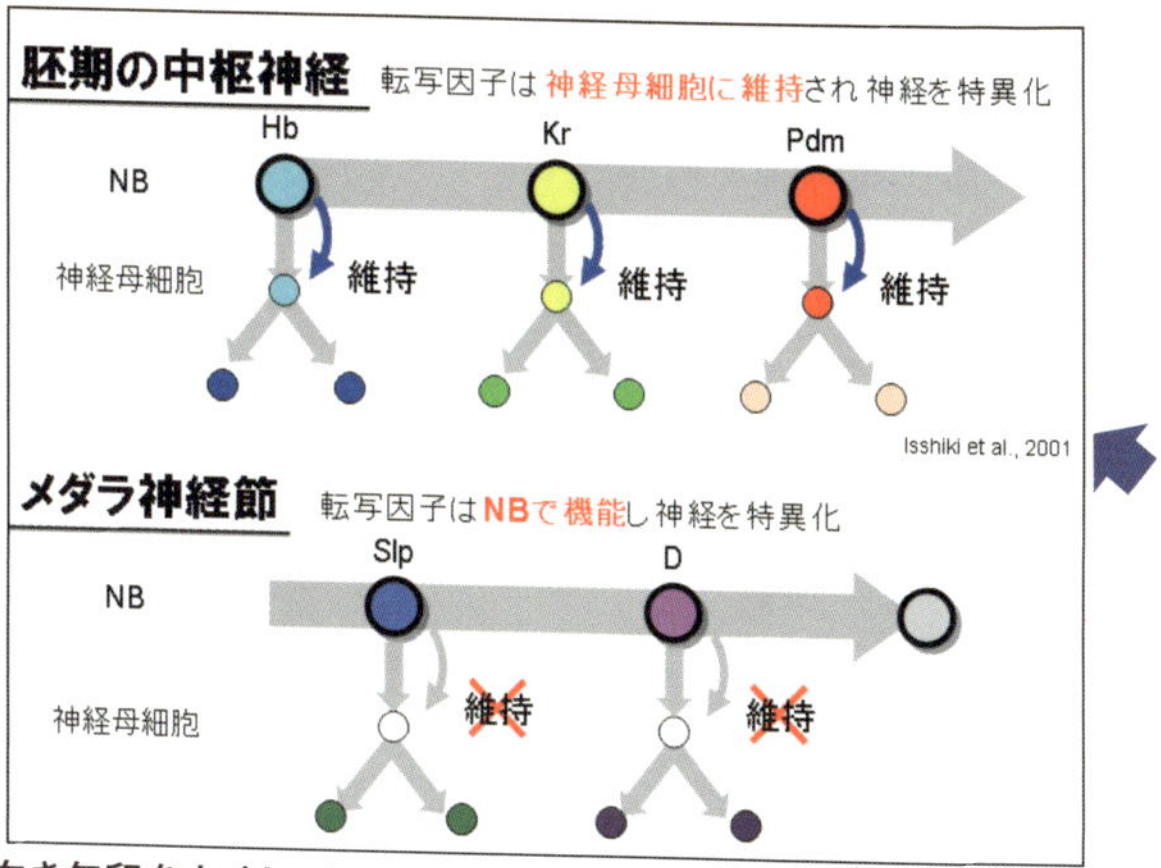
胚期の中枢神経
転写因子は 神経母細胞に維持され 神経を特異化
Hb
Kr
Pdm
NB
神経母細胞
維持
維持
維持
Isshiki et al., 2001
メダラ神経節
転写因子はNBで機能し 神経を特異化
Slp
D
NB
神経母細胞
維持
維持

横向き矢印を太くして、1つにつなげ、「流れ」を意識しやすくする。かつ、スライド上下に2つあることを印象づけている（グルーピング）

に目線を導きやすくなっています。

最後に、グルーピングを意識し、横向き矢印を太くして1つにつなげ、かつ見出しに下線を付け、スライド上には2つの項目があることをパッと見てわかるようにしています（上図③）。

主にグルーピングを修正する例

グルーピングを中心に、イラストレーションの手法も取り入れた例です。ここでは、ある事柄の構成を示すスライドを、図形の種類や配置など揃えるべきところを揃え、スッキリとした印象になるように修正しています。

修正前はスライド上で使われている図形の種類が多く、種類を分けている意図がわかりません。また、配置が揃っていないため、ごちゃごちゃした印象を受けます（次ページ上図①）。

①

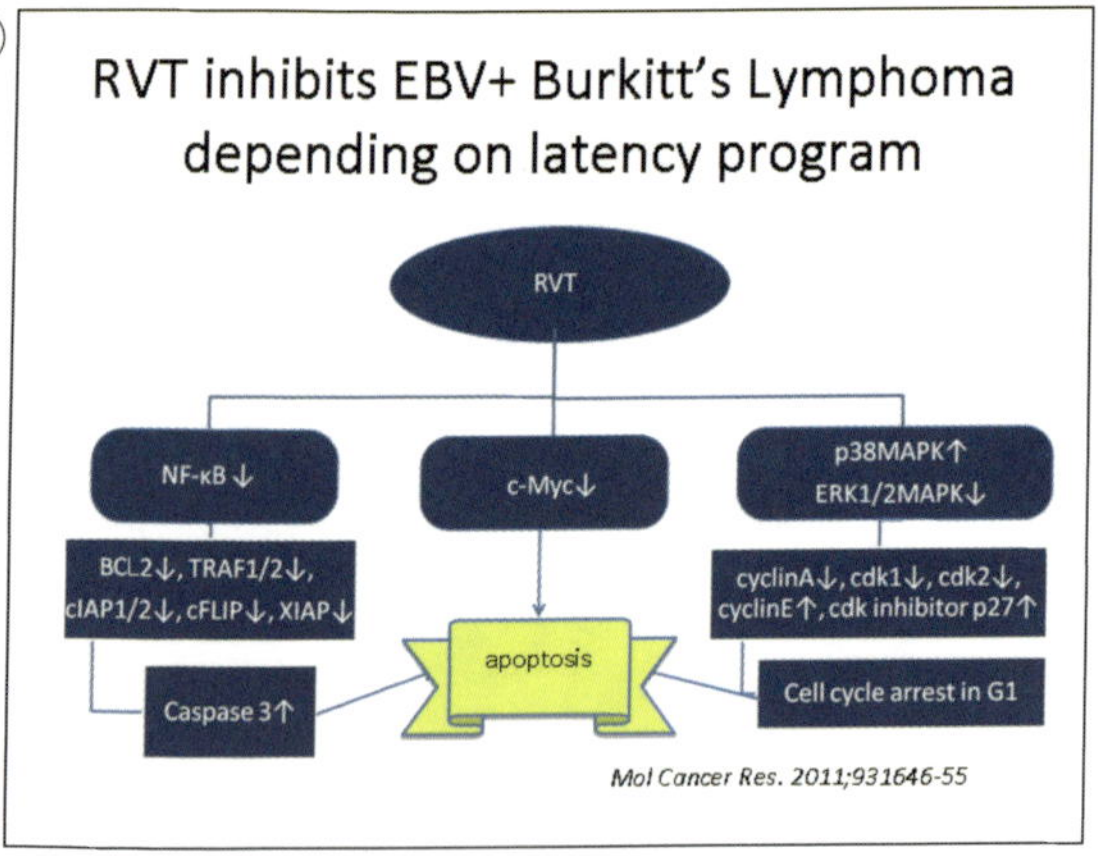

図形の種類が多く、配置が揃っていない

②

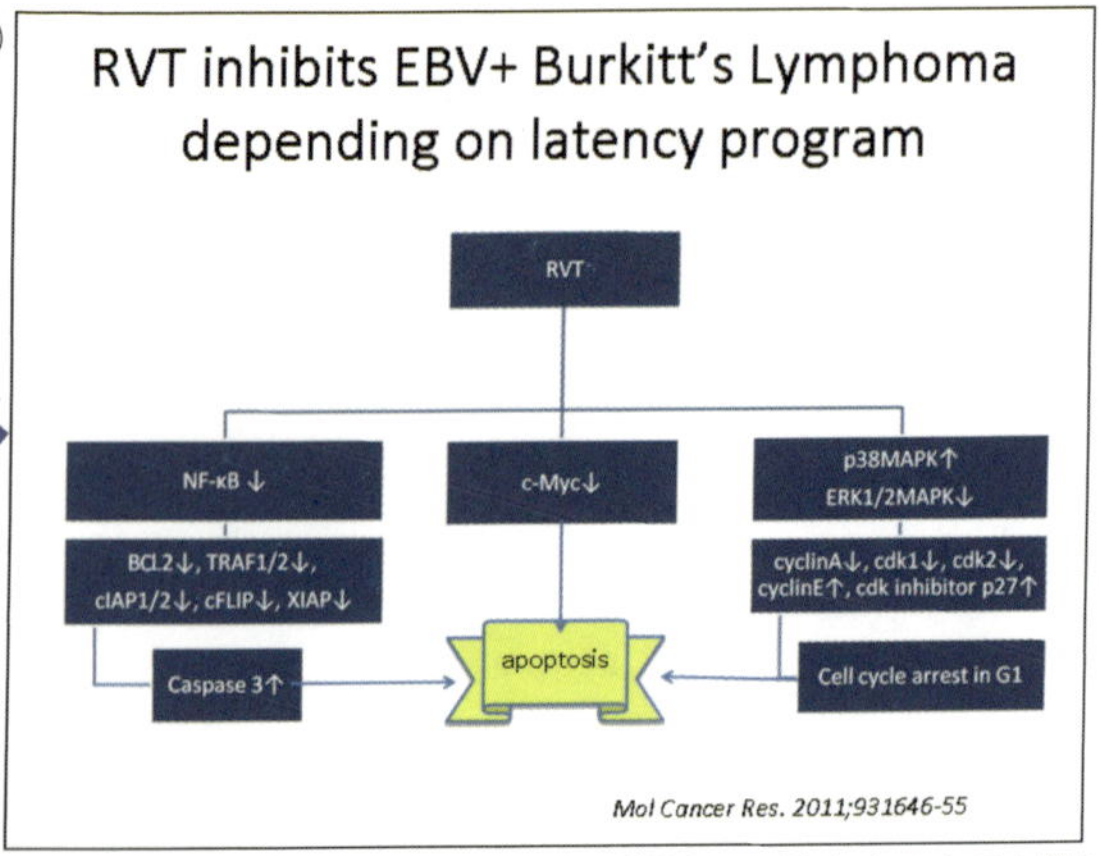

図形の種類を統一し、配置を可能な限り揃えて、見やすくする(グルーピング)

③
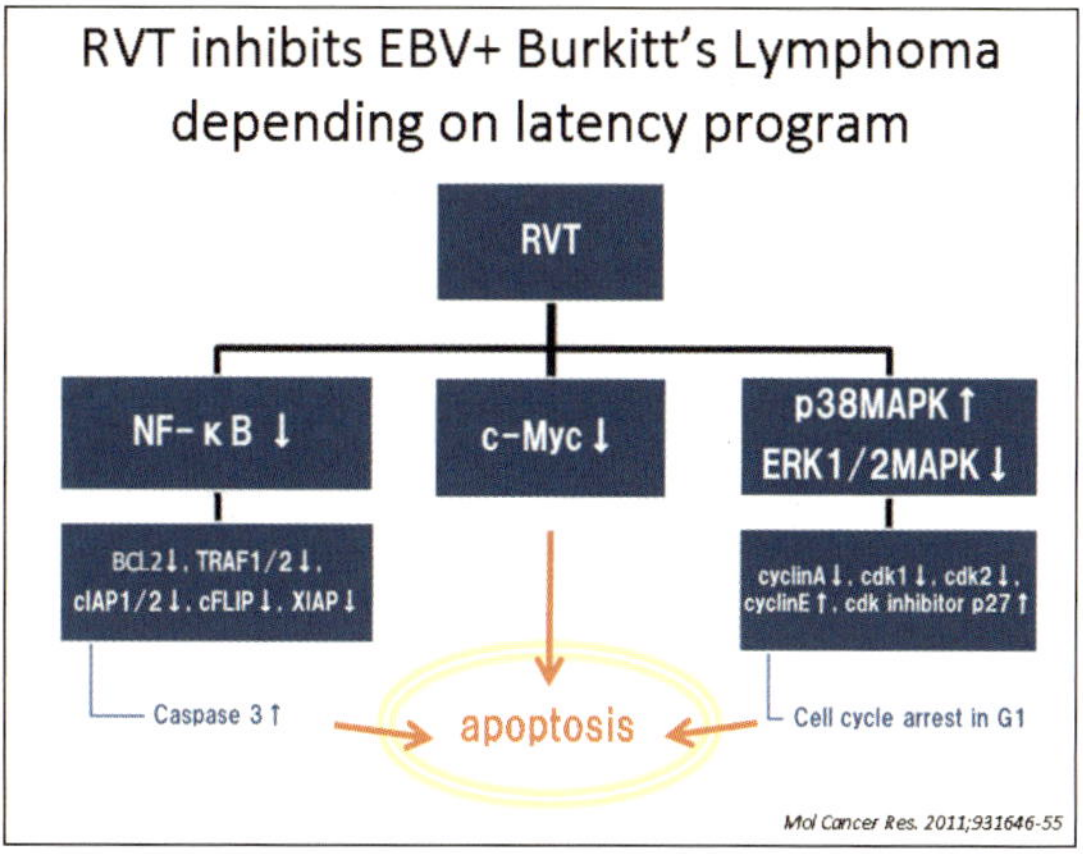
RVT inhibits EBV+ Burkitt's Lymphoma
depending on latency program
RVT
NF-κB↓
c-Myc↓
p38MAPK↑
ERK1/2MAPK↓
BCL2↓, TRAF1/2↓,
cIAP1/2↓, cFLIP↓, XIAP↓
cyclinA↓, cdk1↓, cdk2↓,
cyclinE↑, cdk inhibitor p27↑
Caspase 3↑
apoptosis
Cell cycle arrest in G1
Mol Cancer Res. 2011;931646-55

形状に意味がない黄色いリボンの図形を変更し、論理展開の結論であることをわかりやすくする(イラストレーション)

そこで、図形の種類を統一し、配置を揃えたのが②のスライドです(前ページ下図②)。全体的にスッキリして、見やすくなっています。

最後に、イラストレーションの手法で、あまり効果のなかった黄色いリボンの図形を変更し、論理展開の結論であることをわかりやすくしています(上図③)。

イラストレーションの例

イラストレーションの手法で、文章を図に変換した例です。文章を簡潔にし、最終的には文字の使用が最小限になるように、文章を図に変換しています。

修正前は文章のみなので、聴衆にとって読むことが負担となる状態です。また、コントラスト手法も使われていないため、注目すべき情報

①

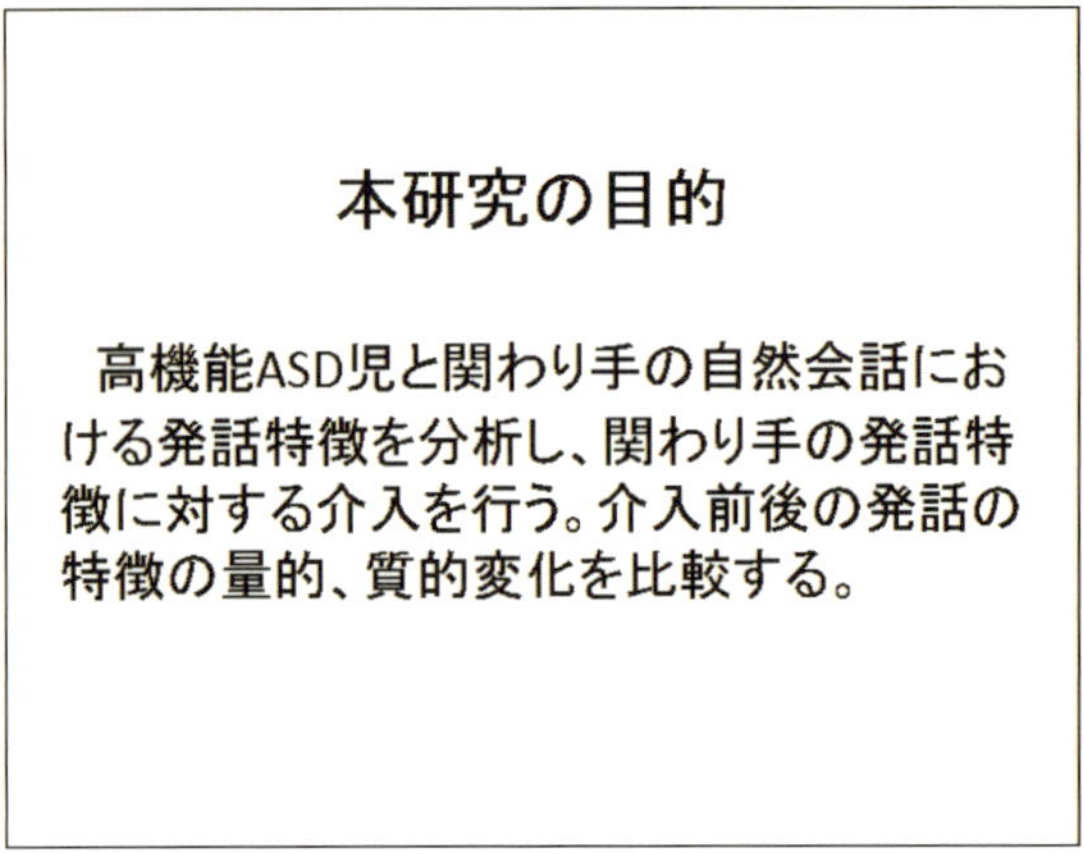
本研究の目的
高機能ASD児と関わり手の自然会話における発話特徴を分析し、関わり手の発話特徴に対する介入を行う。介入前後の発話の特徴の量的、質的変化を比較する。

文章が長く、聴衆にとって読むのが負担

②

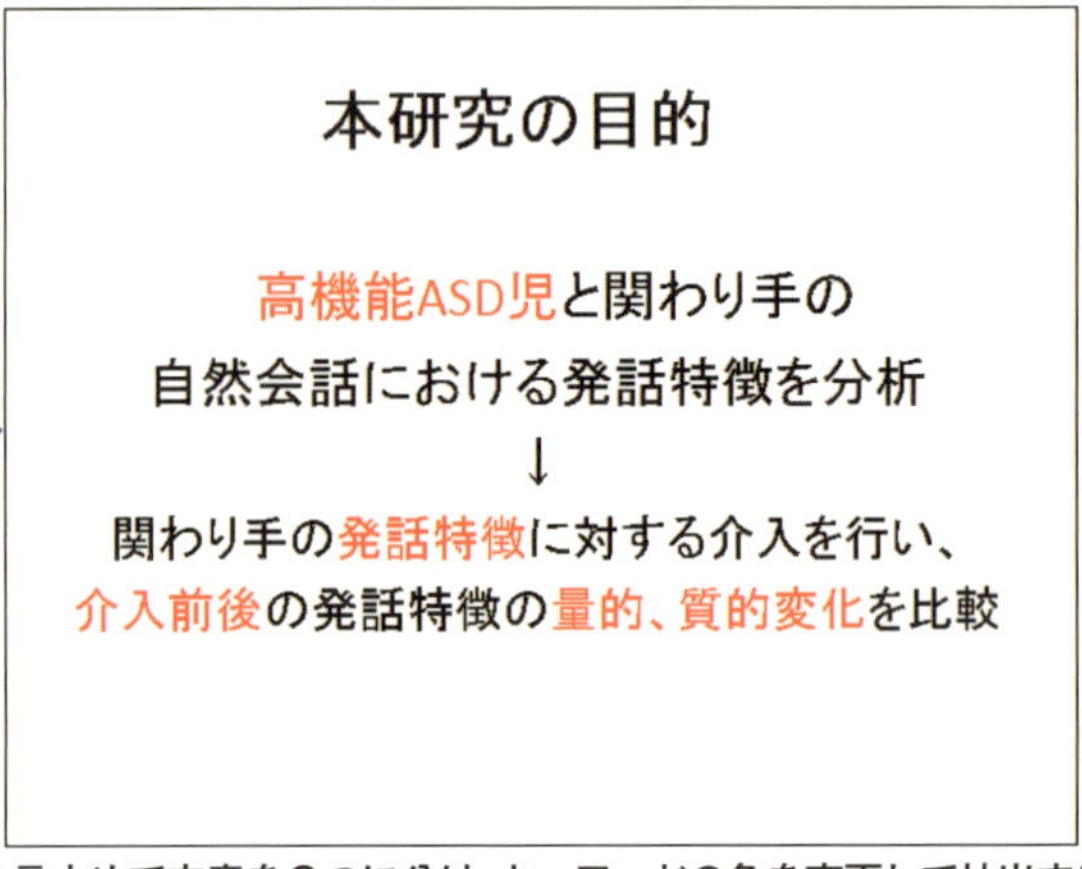
本研究の目的
高機能ASD児と関わり手の
自然会話における発話特徴を分析
↓
関わり手の発話特徴に対する介入を行い、
介入前後の発話特徴の量的、質的変化を比較

体言止めで文章を２つに分け、キーワードの色を変更して抽出する

③
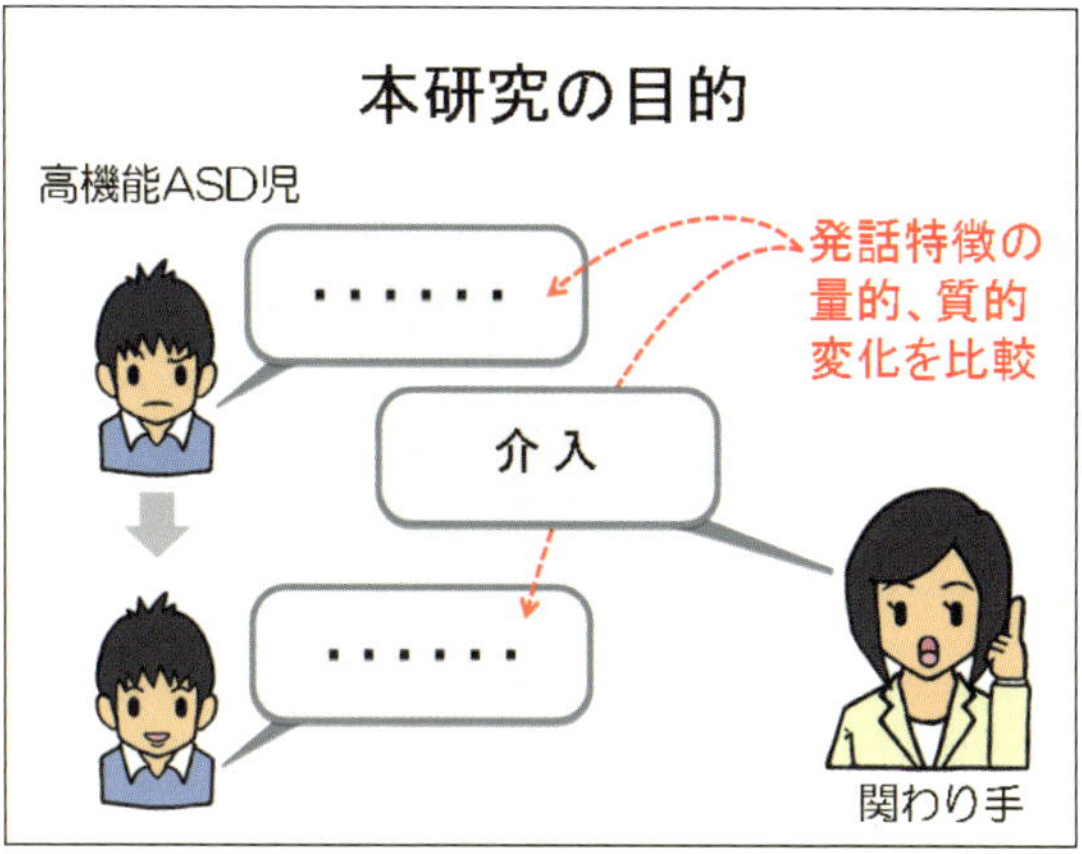
本研究の目的
高機能ASD児
・・・・・・
発話特徴の
量的、質的
変化を比較
介入
・・・・・・
関わり手

抽出したキーワードを元に文章を図に変換し、視覚的にわかりやすくする

が伝わりません（前ページ上図①）。

そこで、まず文章を簡潔にすることを試み、体言止めを行ったのが②のスライドです（前ページ下図②）。文章を2つに分け、キーワードとなる単語の色を変更し、抽出しやすくしています。

最後に、イラストレーションの手法で、抽出したキーワードを元に文章を図に変換して、視覚的にわかりやすくしています（上図③）。

COLUMN

期待するほど聴衆には伝わらない

残念ながらあなたが期待するほど、聴衆に伝えたいことは伝わらないものです。聴衆は、よほど発表内容（あるいは発表者）に関心がある場合を除き、「わかってくれないものなのだ」という事実を意識しましょう。だからこそ、聴衆の目線を、あなたが伝えたい情報に自然と導くスライドの作成を目指す価値があるのです。

10 スライド上の文字を読みやすくする基本

どの書体(フォント)を使うべきなのか?

書体の選択次第で、スライド上の文章の読みやすさ、見やすさ、見映えのよさ、さらにはスライド全体の印象も大きく変わります。ここでは書体の特徴や基本知識を紹介していきます。

日本語の書体は、大まかにはゴシック体と明朝体の2種類に分けられます。一般的には、プレゼンではゴシック体がよく使われます。その理由は、文字の線幅が一定なので視認性が高いからです。

明朝体は、文字の線幅に太いところと細いところがあり、可読性に優れています。そのため、論文や企画書などにおける長い文章に向いていますが、スライドで明朝体を使うと、文字がちょっとチカチカした感じになります。また、文字の横向きの線は細いため、プロジェクタで投影したスクリーン上では読みにくくなりがちです。

このことから、スライド作成においては、基本的にゴシック体を用いるのがよいでしょう。

全体的に文字の線幅が一定で、視認性が高い

文字の線幅に太いところと細いところがあり、可読性に優れている

ただし、「スライドに明朝体を使ってはダメ！」ということでは決してありません。たとえば、タイトル部分に明朝体を使うことで格調高い印象にすることができます。

このようにゴシック体と明朝体では、見る人に与える印象が異なります。

- **ゴシック体……力強い印象。説得力、正義感を感じる**
- **明朝体…………フォーマルで格調高い印象。知性、冷静さを感じる**

こうした印象の違いを利用すれば、スライド全体の印象をコントロールすることも可能です。たとえば、親しみのある、柔らかな印象を与えたいときは、丸ゴシック体が向いています。筆者の場合は、図の説明文や人の台詞のような聴衆に親しみを感じてもらいたい箇所で、よく丸ゴシック体を使用します。次ページでは、ここで紹介した印象の違いの例を紹介します。

書体の使い分けは、スライドをどのように見せたいか次第なので、これといった決まりはありません。ただし、使う書体自体は、標準的なパソコンに必ず入っているものに留めておくのが無難です。このあと、その理由を説明します。

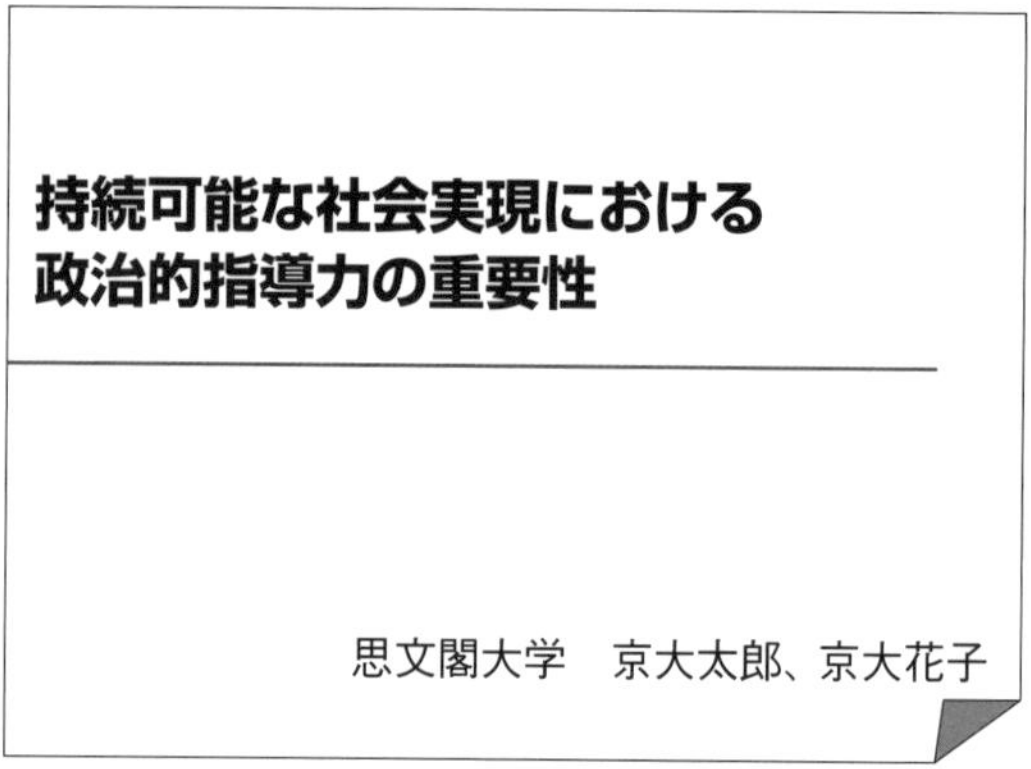
持続可能な社会実現における
政治的指導力の重要性
思文閣大学　京大太郎、京大花子

ゴシック体……力強い印象

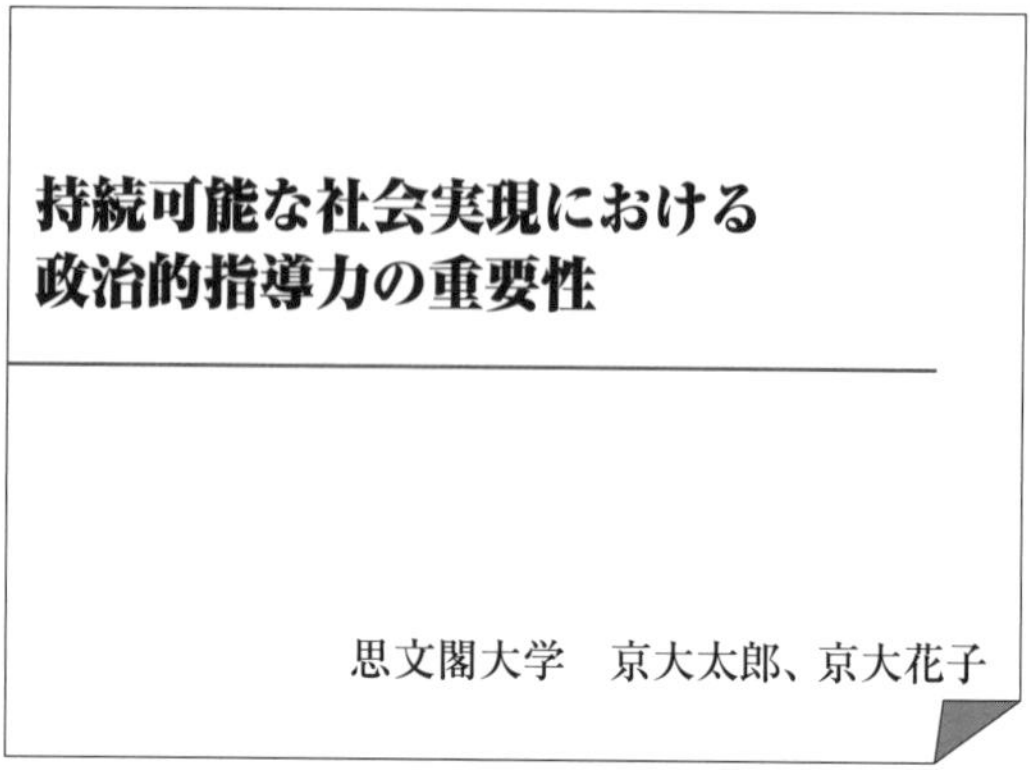
持続可能な社会実現における
政治的指導力の重要性
思文閣大学　京大太郎、京大花子

明朝体……フォーマルで格調高い印象

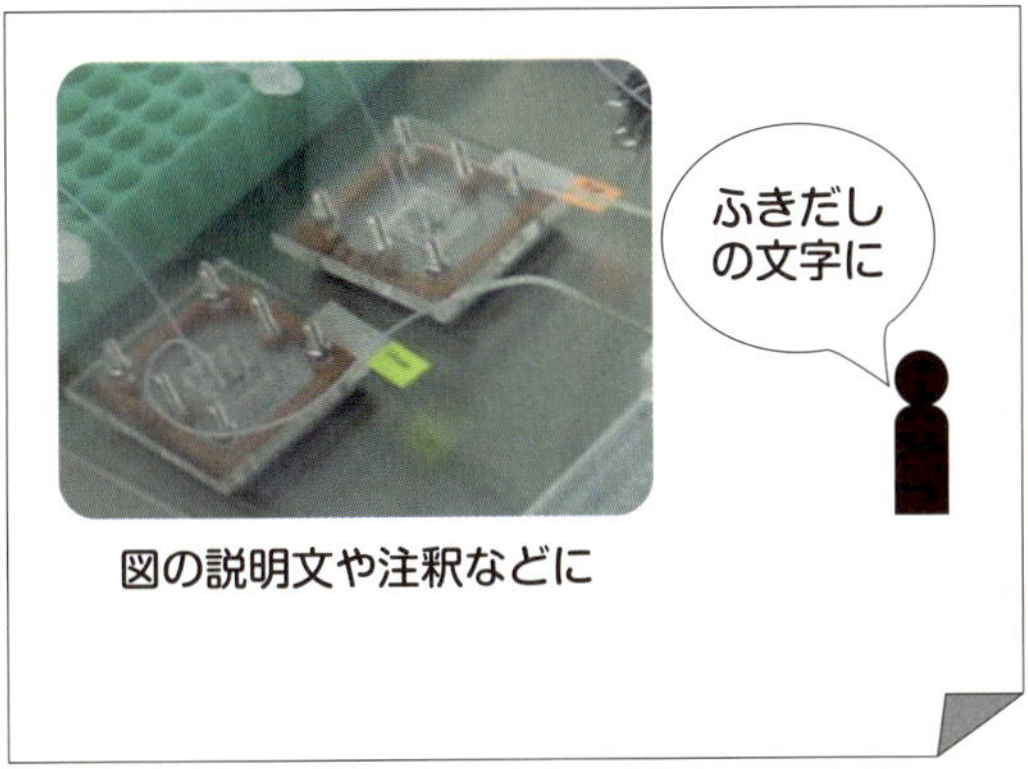

丸ゴシック体……親しみのある、柔らかな印象

汎用性の低い書体の使用は避ける

パソコンではさまざまな書体を使うことができます。しかし、中には汎用性の低い書体もあり、その使用には注意が必要です。

学会などでの発表では、自分のパソコンではなく会場のパソコンを使うこともあります。この場合、汎用性の低い書体を使っていると、開くパソコンの環境に合わせて書体が変更されてしまいます。書体によっては文字幅や文字間の幅が異なるため、文字枠から文字があふれてきちんと表示されなくなってしまうこともあります。

ＰｏｗｅｒＰｏｉｎｔであれば、「フォントの埋め込み」という機能を使って、スライド作成時の書体情報をスライドのファイルに埋め込むことができます。しかし、この機能を使うと、ファイルのサイズが大きくなってしまいます。

標準的なパソコンに必ず入っている書体（Ｗｉｎｄｏｗｓにもともと入っている基本書体）の範囲に留めておけば、余計な心配はいらなくなります。

読みやすさの目安となる行数と行間

スライド上に文章を掲載するときは、とにかく読みやすくすることが重要です。特に、複数行にわたる文章の場合、行数と行間、1行の長さを十分考慮する必要があります。

行数は、できるだけ少なくするのが理想的です。具体的に目安を言うなら、たとえば、文字サイズが40ポイントのとき、スライド1枚あたり最大でも5行です。文字量から考えて、筆者は3行以内がベストだと考えています。4行以上ある場合は、できるだけ文章を簡潔にするなどして行数を減らします。

行間は、「文字サイズ×1・3」で計算して求めるものが目安となります。行間がこれ以下になると狭くなりすぎです。パッと見て文字が詰まっているように見えるため、読みにくくなります。また、行間が文字サイズと同じくらいになると広すぎです。文章が1行ずつ別々に見えてしまい、通読しにくくなります（次ページ図）。

行間は文字サイズの1.3倍ぐらいが読みやすい

×

行間 0.0

その際、重要キーワードのみを目立たせることも効果的です。大事な単語だけを別の色にして目立たせるなどの工夫は有効です。ただし、あまりハイライトの割合が多くなるとチカチカした印象になりますので多くても全体の10%程度にしましょう。

○

行間 1.3

その際、重要キーワードのみを目立たせることも効果的です。大事な単語だけを別の色にして目立たせるなどの工夫は有効です。ただし、あまりハイライトの割合が多くなるとチカチカした印象になりますので多くても全体の10%程度にしましょう。

△

行間 2.0

その際、重要キーワードのみを目立たせることも効果的です。大事な単語だけを別の色にして目立たせるなどの工夫は有効です。ただし、あまりハイライトの割合が多くなるとチカチカした印象になりますので多くても全体の10%程度にしましょう。

安易に「箇条書き」に頼らない

スライド上の文章は、できるだけ図に変換して表現するのが「わかりやすい」スライドを作成するための基本です。不慣れな人が作成してしまうごちゃごちゃしたスライドには、文章だけで説明されているものがあります。そうしたスライドに頻繁に見られるのが、「箇条書き」を用いたものです。

「箇条書き」は、文章を分解して図解しているようにも見えるのですが、実は、文章だけで説明されている点において、文章だらけのスライドとほとんど変わりません。文章をそのまま読ませる状態より、多少マシなのですが、ごちゃごちゃしたスライドの領域は出ていません。

筆者は、「箇条書き」に安易に頼らないことをおすすめします。「箇条書き」で終わってしまっているスライドの多くは、「箇条書き」に頼らなくても相互関係を図で表現できます。仮に図に変換しにくいとしても、箇条書きの1項目ごとに別々のスライドに掲載するという手もあります（次ページ図）。

「箇条書き」は基本的には使わないことにして、まずは文章の図解化に挑戦してみてください。それが論理の可視化や客観性の習得のためのトレーニングとなり、「わかりやすい」スライドへとつながるのです。

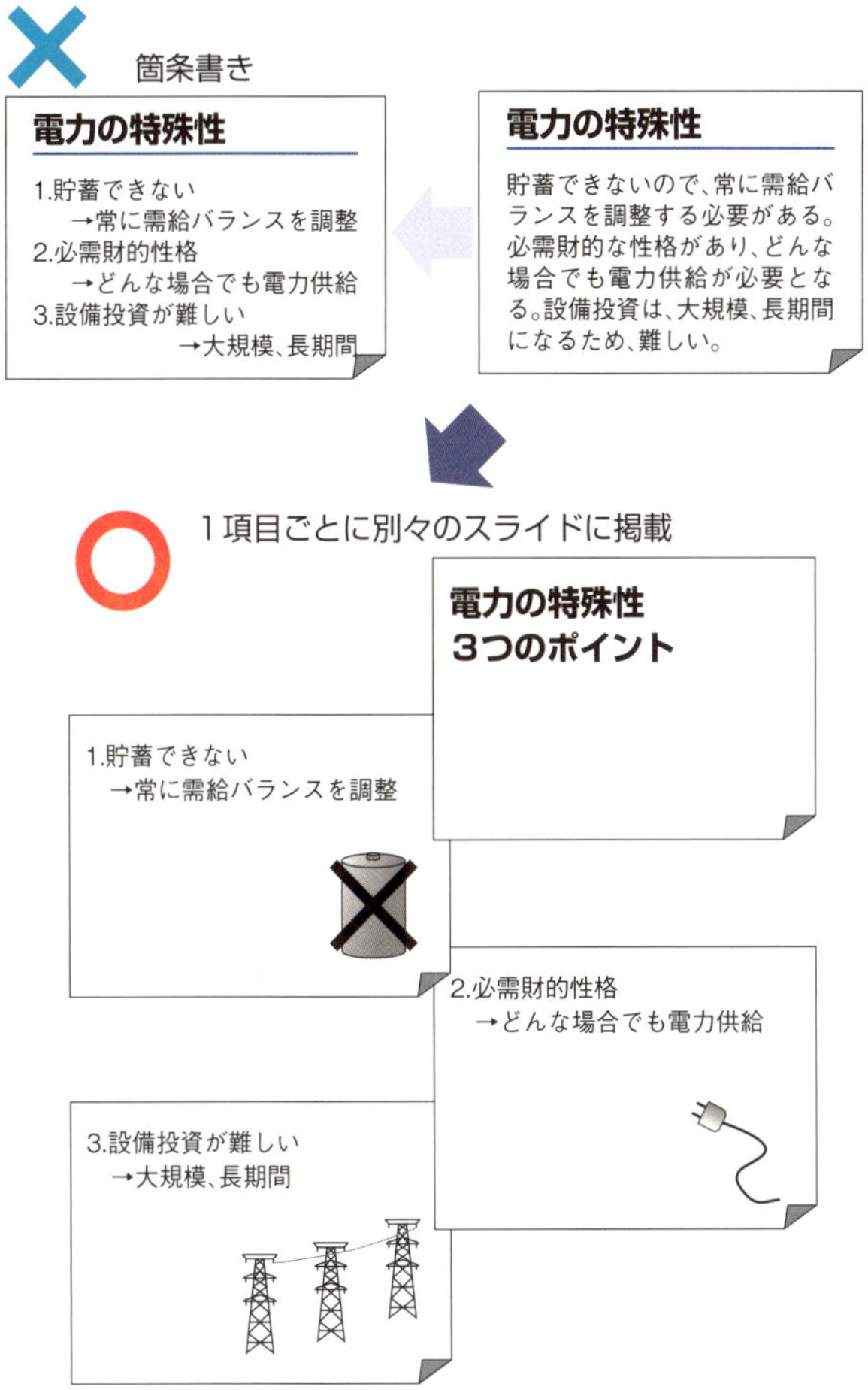
箇条書き
電力の特殊性
1.貯蓄できない
→常に需給バランスを調整
2.必需財的性格
→どんな場合でも電力供給
3.設備投資が難しい
→大規模、長期間
電力の特殊性
貯蓄できないので、常に需給バランスを調整する必要がある。必需財的な性格があり、どんな場合でも電力供給が必要となる。設備投資は、大規模、長期間になるため、難しい。
1項目ごとに別々のスライドに掲載
電力の特殊性
3つのポイント
1.貯蓄できない
→常に需給バランスを調整
2.必需財的性格
→どんな場合でも電力供給
3.設備投資が難しい
→大規模、長期間

「箇条書き」でなく、1項目ごとに別々のスライドに掲載するなど

COLUMN

安易に「箇条書き」に頼ってしまう原因

「箇条書き」でよしとしてしまうのは、PowerPointの「箇条書き設定」によるところも大きいと、筆者は考えています。

PowerPointの初期設定では、文章を入力して改行すると、自動的に「箇条書き」になります。安易に「箇条書き」が適用されるため、「スライド＝箇条書き」という発想が無意識に定着してしまっているのです。

筆者に言わせれば、「箇条書き」は考える努力を放棄させるもの。箇条書きにしたあと、あらためて図で表現できないか考える習慣をつけましょう。

行頭記号を使える状況はそれほどない

行頭記号とは、文字通り行頭に入る「●」や「◆」、「・」などといった記号のことです。PowerPointではこうした記号を簡単に入れられるので、箇条書きや表、図のタイトルの先頭などでよく使われているのを目にします。しかし、本来は行頭記号を使える状況はそれほどありません。

前項で述べたように、そもそもスライドでは箇条書きを使わないようにするのが基本です。また、表や図のタイトルの先頭に記号を入れても、その記号自体が見やすさに貢献するわけではないため、見やすくするために必須のものではないのです。

もし、やむを得ず箇条書きにするときは、行頭記号が目立ちすぎないように配慮します。「●」や「◆」など大きめのものは、行頭記号そのものが一番目立ってしまうため、乱発するとスライドがどんどんごちゃごちゃになっていきます。

最上位の項目に「●」を使ったら、その1段階下の項目には「・」を用いるなど、箇条書きする項目の段階に合わせて、行頭記号で上下関係を表すように工夫が必要となります（次ページ図A）。

なお、行頭記号が表や図のタイトルの先頭にあってもなくても、見やすさに影響しないので、スライドには余計なものと考える方がよいでしょう（99ページ図B）。

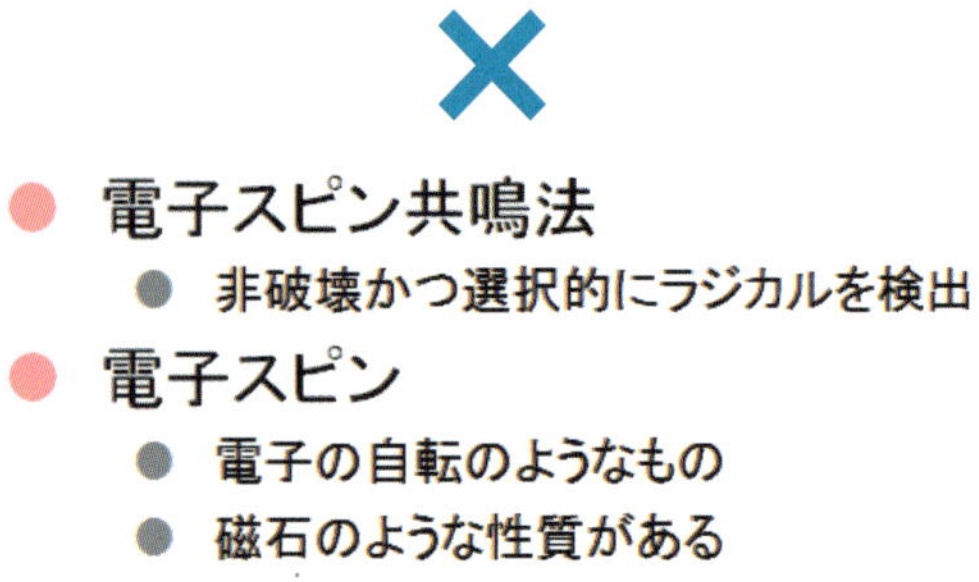
×
電子スピン共鳴法
非破壊かつ選択的にラジカルを検出
電子スピン
電子の自転のようなもの
磁石のような性質がある

大きめの行頭記号を乱発すると、スライドがごちゃごちゃする

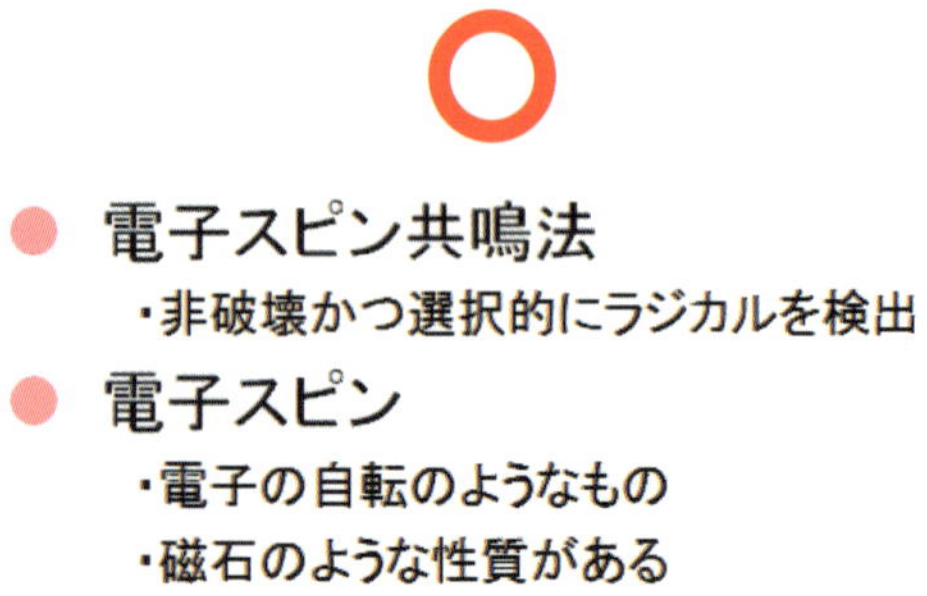
○
電子スピン共鳴法
・非破壊かつ選択的にラジカルを検出
電子スピン
・電子の自転のようなもの
・磁石のような性質がある

項目の段階に合わせて、行頭記号で上下関係を表す

図A　箇条書きにするときは、行頭記号が目立ちすぎないようにする

×

● 標準サンプルであるDPPHを利用

スピン量子数S	1/2
スピン密度 N_d	2.13808×10^{27}[m^{-3}]
スピンスピン緩和時間T_1	63[nS]
スピン格子緩和時間T_2	63[nS]
体積	1.6×10^{-11}[m^3]

● 共鳴条件

共鳴周波数 f_0	750[MHz]
静磁場B_0	26.7[mT]

○

標準サンプルであるDPPHを利用

スピン量子数S	1/2
スピン密度 N_d	2.13808×10^{27}[m^{-3}]
スピンスピン緩和時間T_1	63[nS]
スピン格子緩和時間T_2	63[nS]
体積	1.6×10^{-11}[m^3]

共鳴条件

共鳴周波数 f_0	750[MHz]
静磁場B_0	26.7[mT]

図B　行頭記号があってもなくても見やすさには影響しない

強調したい文字列でも派手な装飾は使わない

スライドで一番主張したい内容や見出しなどを、大きめの文字列で掲載することがあります。「大事なところだから、強調して目立たせたい！」という思いのあまり、こうした文字列に使ってしまいがちなのが派手な装飾機能です。

蛍光色の縁取りがされた白抜き文字や、立体的な文字、影付きの文字などは、よく目立つものの肝心の文字が読みにくく、スライド全体のイメージも台無しにしてしまいます（次ページ図）。こうした派手な装飾機能は、ＰｏｗｅｒＰｏｉｎｔなら「ワードアート」という機能で簡単に施せますが、たとえ強調したい文字列であっても原則使わないようにしましょう。

強調したい文字列そのものは、読みやすい文字サイズでシンプルなゴシック体にしておけば十分です。文字列そのものを装飾しない分、一読するだけですんなり意味が通じる内容になるように検討する必要があります。

なお、これまで述べているように強調したい文字列以外の文字列をできるだけ図に変換したり、割愛するなどして、読まなければならない文字を減らすことが重要です。余計な文字を減らせば、自然と強調したい部分に視線が集まりやすくなります。文字が多い状態で強調したい文字列を装飾してしまうと、ごちゃごちゃになってくるので逆効果なのです。

×

内発的動機づけが重要

内発的動機づけが重要

内発的動機づけが重要

派手な装飾機能を施した文字列は、よく目立つものの、
肝心の文字が読みにくい

○

内発的動機づけが重要

読みやすい文字サイズでシンプルなゴシック体にしておく。
一読するだけですんなり意味が通じる内容にして、
強調したい文字列以外の文字を減らす

文字列を読みやすくする細かな工夫

スライドに掲載する文字列は、できるだけ聴衆にとって読みやすくなるように配慮するのが原則です。ここでは、文字列を読みやすくする工夫で便利なものを3つ紹介します。

違和感のない位置で改行する

複数行にわたる文章は、改行する位置によって読みやすさが変わってきます。適当に決めたテキスト枠の幅に合わせて自動的に折り返したままにしたり、各行の文字数を均等に揃えることを優先したりすると、中途半端なところで次の行へ続いてしまうことがあります。

できるだけ読みやすくするには、文脈を優先して読んで違和感のない位置で改行します。違和感のない位置は「、」の後や、文節の区切り、単語の後などです（次ページ図A）。

文字間を広げる

文字列によっては、文字間を少し広げると読みやすくなるものがあります。たとえば漢字二文字の単語は、くっつきすぎて読みにくく見えることがあります。この場合、文字間に半角スペース程度の空きを入れると、ぐっと読みやすくなります（次ページ図B）。

×

需要家の近くに発電設備をつくって電力
を確保し、自律的に需給バランスを図る

各行の文字数を均等にすることを優先すると、
中途半端な位置で次の行へ続いてしまう

○

需要家の近くに発電設備をつくって電力を確保し、
自律的に需給バランスを図る

文脈を優先して読んで違和感のない位置で改行する

図A　違和感のない位置で改行する

× 科学

○ 科 学

図B　漢字二文字の単語は、半角スペースを入れると読みやすくなる

✕ 300%　　○ 300 %

図C　単位を数字の6割程度の大きさにすると読みやすくなる

300 %

図D　数字のみを太めの書体にして目立たせる

1000万kWの大規模な供給力不足

⬇

1000万kWの大規模な供給力不足!!

図E　数字を目立たせて、文章に付加的な意図を持たせる

単位付きの数字は、数字を目立たせる

「300%」などの単位付きの数字は、数字の方を目立つようにすると読みやすくなります。

もともと数字は単位や漢字などと並べると天地がやや短く幅も狭いため、小さく見える傾向があります。そこで、単位の文字サイズは、数字の6割程度の大きさに調整するのがよいでしょう（上図C）。

さらに数字だけを目立たせたいときは、数字のみを太めの書体にする方法も効果的です（上図D）。

また、数字を目立たせるだけで、文章に付加的な意図を持たせることも可能です（上図E）。

11 スライドを見やすくする配色の原則

配色の原則はベース色、メイン色、アクセント色の3つ

筆者が主催するプレゼンセミナーでは、使われている色数が多すぎるスライドをよく見かけます。伝えたい情報を強調しようとする意図からそのような状態になっていることは理解できます。しかし、1つのスライド上で複数の色がその場の思いつきのように使われているため、伝えたいことがわかりにくい、見づらいスライドになってしまっているのです。

スライドを見やすくするために理解しておきたいのが、配色の原則です。配色の原則では、1つのスライド上で使う色を、ベース色、メイン色、アクセント色の3つに絞ります。

ベース色は、背景など面積の広い部分に使います。明度が高く（明るい）、鮮やかさが低い（鮮やかでない）色が適しています。メイン色は骨格となる部分に使います。明度が低い（暗い）色が適しています。そして、アクセント色は目立たせたい箇所に使います。メイン色と色相が逆の色（反対色）が最適です。なお、この3つの中に黒と白は含まれません。

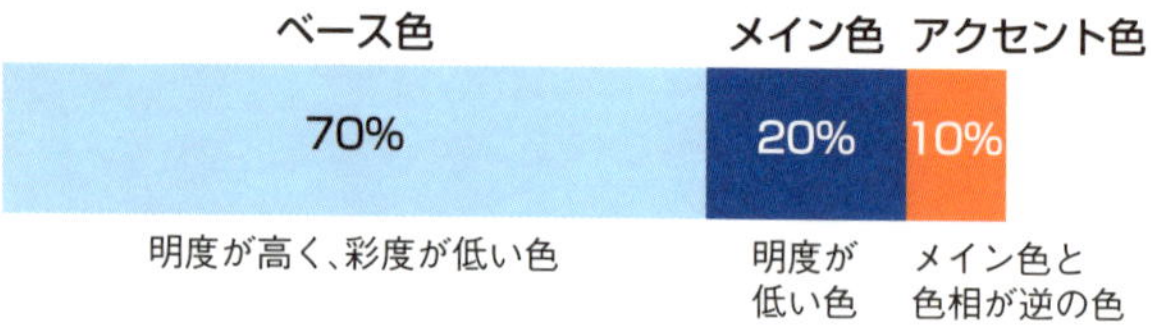
ベース色
メイン色
アクセント色
70%
20%
10%
明度が高く、彩度が低い色
明度が
低い色
メイン色と
色相が逆の色

ベース色、メイン色、アクセント色が
スライド上で使われる割合の目安

COLUMN 明度、彩度、色相とは

明度……色の明るさ

明度高い
明度低い

彩度……色の鮮やかさ

彩度高い
彩度低い

色相……赤、青、黄などの色

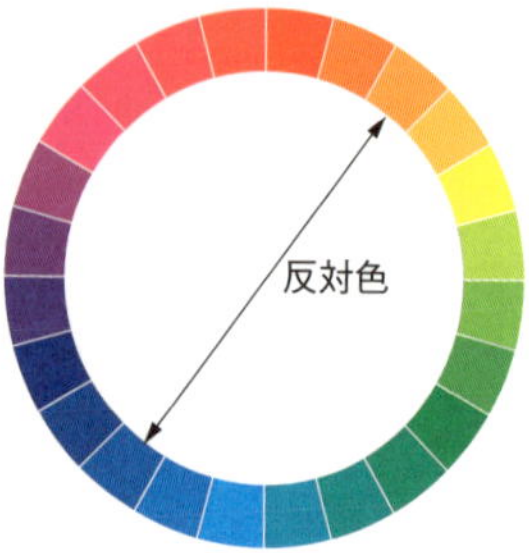
反対色

それぞれがスライド上で使われる割合の目安は、「ベース色：70%、メイン色：20%、アクセント色：10%」です（前ページ上図）。

ベース色、メイン色、アクセント色は、すべてのスライドで共通させることが重要です。そうすることでプレゼン全体に統一感が出て、聴衆に好印象を与えることにつながります。

配色が難しいときは、まず黒一色でスライドを作成する

不慣れなうちは、配色で苦労するかもしれません。そのときは、すべてのスライドを黒一色で作成し、あとから重要なところだけに赤色を付けるやり方をおすすめします。

やや地味で、見映えとしては今ひとつの印象を受けるかもしれませんが、余計な色を使わずシンプルに、伝えたいことをわかりやすくしたスライドが作成できるはずです。また、配色に迷って長時間費やしてしまう心配がありません。

ベース色、メイン色、アクセント色の組み合わせパターン例

ベース色、メイン色、アクセント色の組み合わせ見本として、4つのパターンを紹介します。スライド作成の際、参考にしてください。

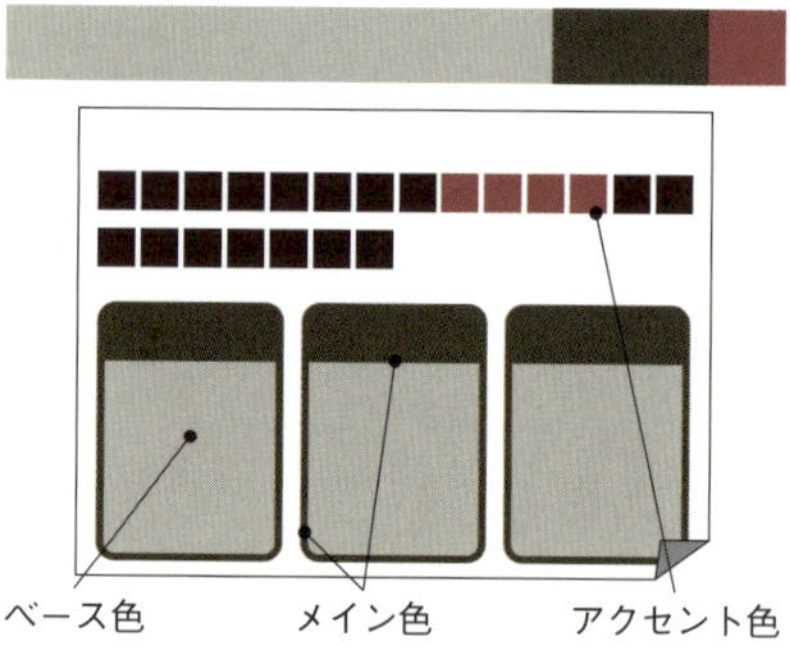

例1

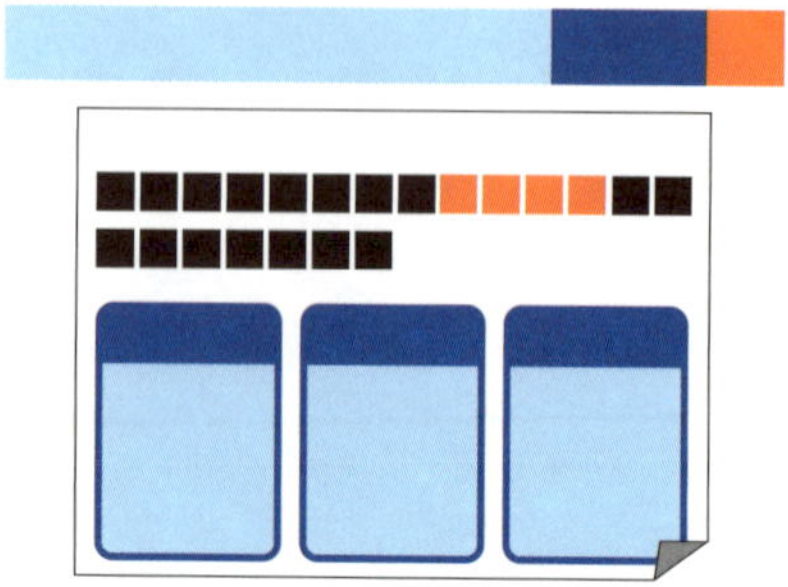

例2

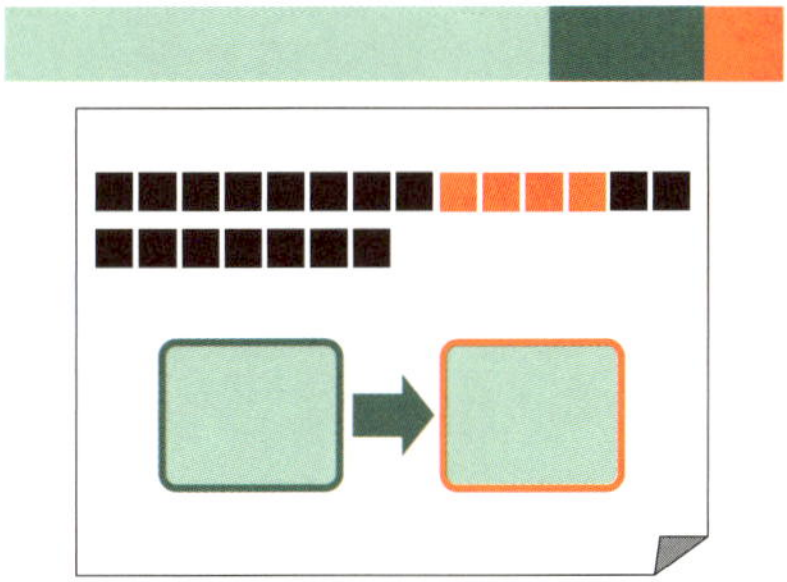

例3

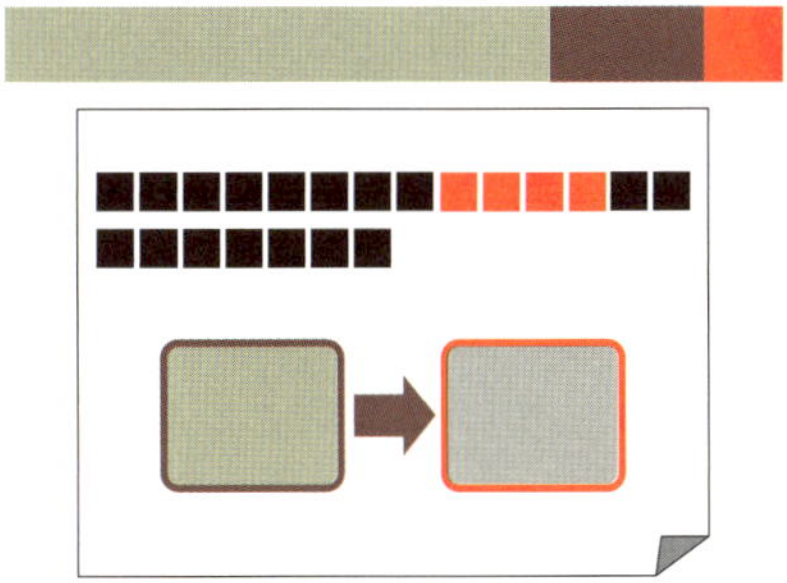

例4

12 伝えたいことを伝えるためのグラフの原則

「データを示す目的」を表現しやすいグラフを使う

グラフの出来栄え次第で、同じデータでも見え方が変わります。データを使って伝えたいことをきちんと表現できるグラフを作成しないと、発表者の意図と異なる内容が聴衆に伝わってしまうこともあります。そのため、グラフ作成前に明確にしておかなければならないのが**「データで聴衆に何を伝えたいのか」**や**「聴衆がデータを見て知りたいことは何か」**といった**「データを示す目的」**です。

「データを示す目的」には、たとえば、数値を比較してどれが一番優れているかを伝えることや、数値の推移を示して傾向や見込みを伝えることなどがあります。「データを示す目的」が定まればそれを表現できるグラフの種類が自然と決まってきますし、どのように見せるべきかもハッキリします。

当たり前のことに感じるかもしれません。しかし、何のためにデータを示しているのかわからないスライドは、割とよく見かけます。「とりあえずグラフを出しておけばいいだろう」という感覚では、聴衆に伝えたいことは伝わりません。

主なグラフの特徴

「データを示す目的」が明確になると、使うべきグラフを絞り込みやすくなります。ここでは、主なグラフの特徴を紹介します。

棒グラフ

絶対量の大小を表すのに向いていて、数値の比較を行いやすいのが特徴です。数値が大きい順に並べることで、項目の順位を表現できます。

縦棒グラフと横棒グラフがあり、縦棒グラフの方が視覚的に数値の大小の比較が行いやすくなります。扱う項目数が多い場合は、横棒グラフの方が項目名を表示しやすくなります。

積み上げ棒グラフ

通常の棒グラフとの違いは、各項目全体の量に加えて項目の内訳を表示できることです。基本的には、全体の量を比較することに向いています。

棒グラフ

数値の比較を
行いやすい

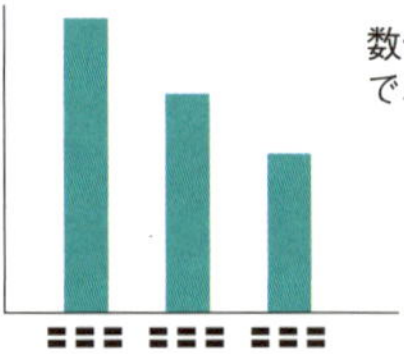

数値が大きい順に並べることで、項目の順位を表現できる

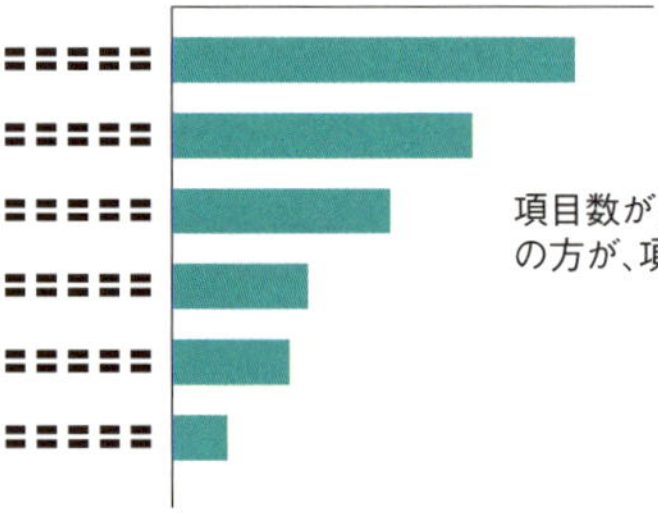

項目数が多い場合、横棒グラフの方が、項目名を表示しやすい

積み上げ棒グラフ

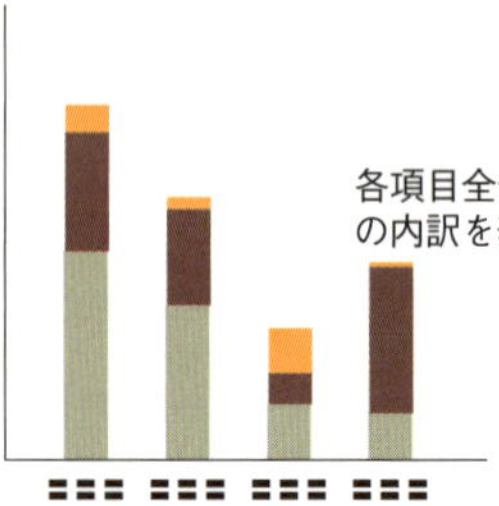

各項目全体の量と、項目の内訳を表示できる

円グラフ、帯グラフ

全体における各項目の割合を表しやすいのが特徴です。円グラフでは、項目の角度の広さで視覚的に比較できます。複数のグラフを並べる場合、円グラフでは比較しにくいので、帯グラフにするとよいでしょう。帯グラフなら各項目の差が視覚的にわかります。

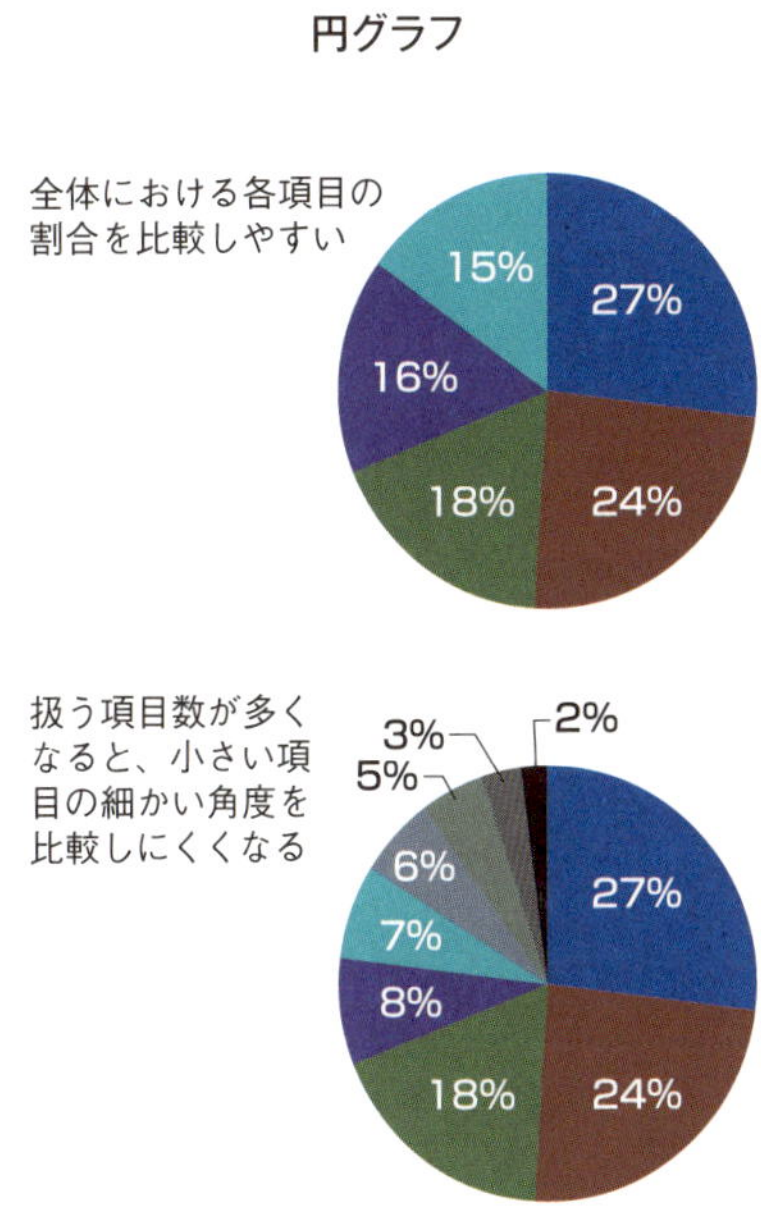
円グラフ
全体における各項目の
割合を比較しやすい
15%
27%
16%
18%
24%
扱う項目数が多く
なると、小さい項
目の細かい角度を
比較しにくくなる
3%
2%
5%
6%
27%
7%
8%
18%
24%

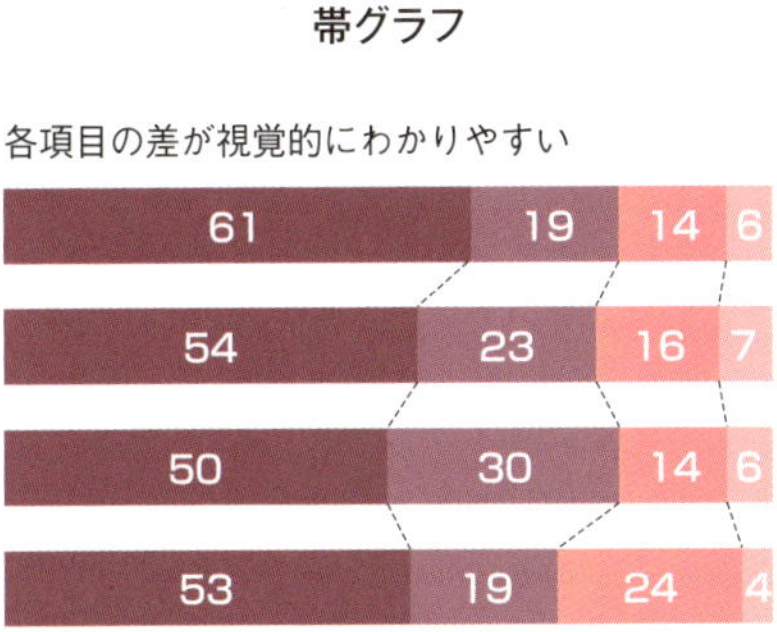
帯グラフ
各項目の差が視覚的にわかりやすい
61 19 14 6
54 23 16 7
50 30 14 6
53 19 24 4

折れ線グラフ

時系列での数値の増減を表すためのものです。横軸は一定の間隔である必要があります。折れ線上のマーカーは付けることも、付けないこともできます。マーカーを付けることで、データの取得ポイントを意識してもらいやすくなります。データ全体の増減の推移を中心に見せたいときは、マーカーを付けません。

折れ線グラフ

時系列での数値の増減を表す

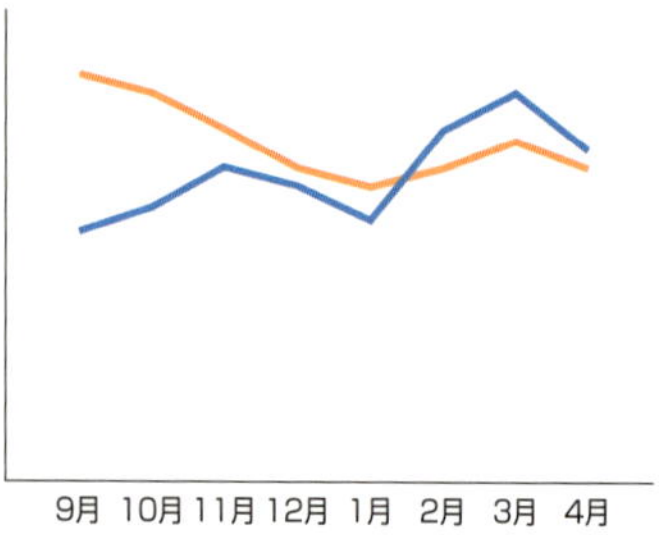
9月
10月
11月
12月
1月
2月
3月
4月

データの日時を意識してもらいやすくするときは、マーカーを付ける

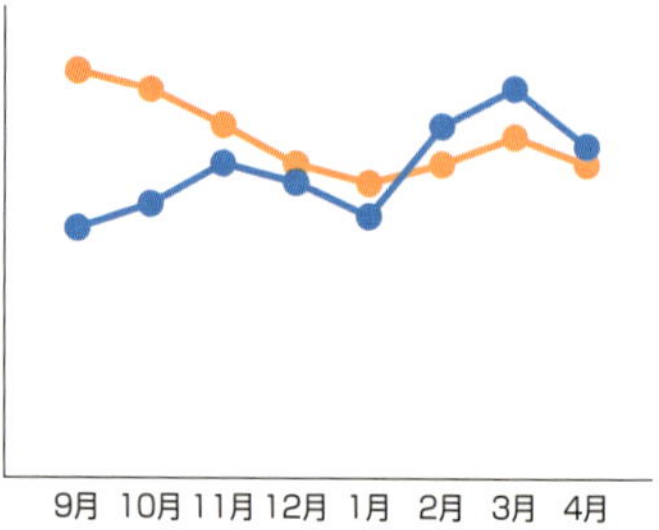
9月
10月
11月
12月
1月
2月
3月
4月

散布図

2項目の数値の間にある相関関係を表すのが特徴です。数値の散らばる様子から、全体的な傾向を見せたいときに使います。

レーダーチャート

ある要素を構成する複数の項目の数値を比較し、要素全体の傾向や評価を表します。製品の性能を評価するときなどに用いられます。

散布図

2項目の数値の間に
ある相関関係を表す

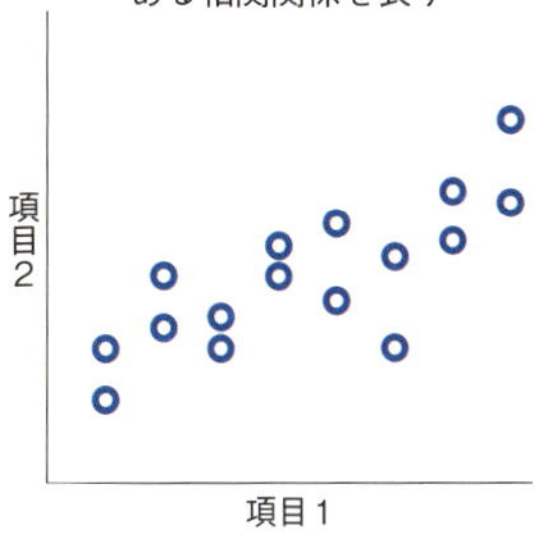

レーダーチャート

複数の項目の数値を比較し、
要素全体の傾向や評価を表す

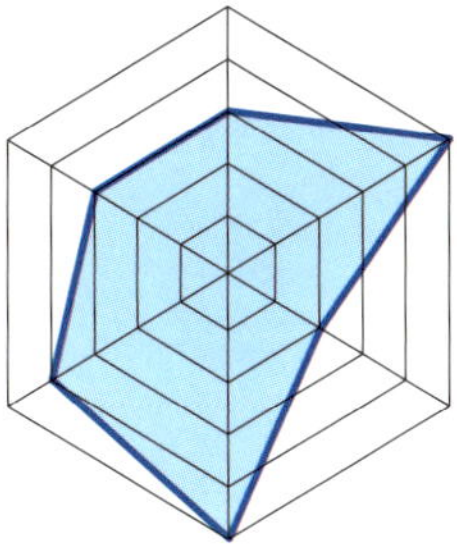

COLUMN

三次元グラフは使わない

3D縦棒グラフなどの3次元グラフは、研究発表の場合は使わないのが原則です。一見、豪華に見えるのですが、奥行きを使ってグラフを配置しているため、データをきちんと読み取ることが難しいのです。

Excelのグラフは初期設定のまま使わない

Excelで作成するグラフは、初期設定のままでは使わない方がよいでしょう。初期設定で自動的に設定される色、軸目盛り、凡例などは、決して「わかりやすい」とは言えず、しかも、**既製品をそのまま使ったような印象を与えてしまうからです**。ここでは、主な設定項目の初期設定の状態と、対処方法について紹介します。

・グラフの色

初期設定だと、グラフの色は濃いめの赤と青の組み合わせなど、スライド全体の印象と適合させにくい状態になります。自分が決めたスライドのベース色、メイン色、アクセント色に合うものへ変更しましょう（119ページ図）。

グラフの色の設定は、「データ要素の書式設定」画面で変更できます。「データ要素の書式設定」画面は、色を変更したい色の要素のみ選択した状態で右クリックし、表示されるメニューの「データ要素の書式設定」をクリックして表示します。

なお、無意味なグラデーションは使わないのが無難です。見た目はきれいになる一方で、データが正確に伝わりにくいためです。

・軸目盛り

棒グラフの軸目盛りは、目盛りが必要以上に細かく表示され、グラフ全体の見映えが悪くなります。また、小数点以下の数値がある場合、目盛りの数値が「0・5」「1」「1・5」「2」という具合に、小数点以下が0のものは整数で表示されるため、統一感がありません。目盛りの本数を少なくし、整数の数値のみ表示させるようにするとよいでしょう（119ページ図）。

軸目盛りに関する設定は、「軸の書式設定」画面で変更できます。「軸の書式設定」画面は、軸目盛り上で右クリックし、表示されるメニューの「軸の書式設定」をクリックして表示します。

・凡例

グラフを作成すると、自動的にグラフの右側に凡例が表示されます。凡例は、グラフの各要素の名称を示すためのものです。しかし、グラフと離れた位置にあると、聴衆にとっては確認しにくくなります。棒グラフや折れ線グラフの場合は、凡例の枠全体をドラッグして、グラフのエリア内に移動しましょう（次ページ図）。

円グラフの場合は、凡例を各要素の上に表示させる見せ方もわかりやすい配置方法です（120ページ図）。この操作は、グラフを選択した状態で「グラフツール」の「レイアウト」タブにある「データラベル」をクリックし、表示されるメニューの「その他のデータラベルオプション」をクリックすると表示される「データラベルの書式設定」画面の「ラベルオプション」で行います。

聴衆の目線を自然と注目させたいデータ部分に導く

グラフは情報量が多いため、人によって注目するポイントが異なってしまいやすいものです。注目してもらいたい箇所に聴衆の目線を上手に導く工夫がないと、発表者の意図と異なるところ

主な設定項目の初期設定の状態と、対処方法(棒グラフの場合)

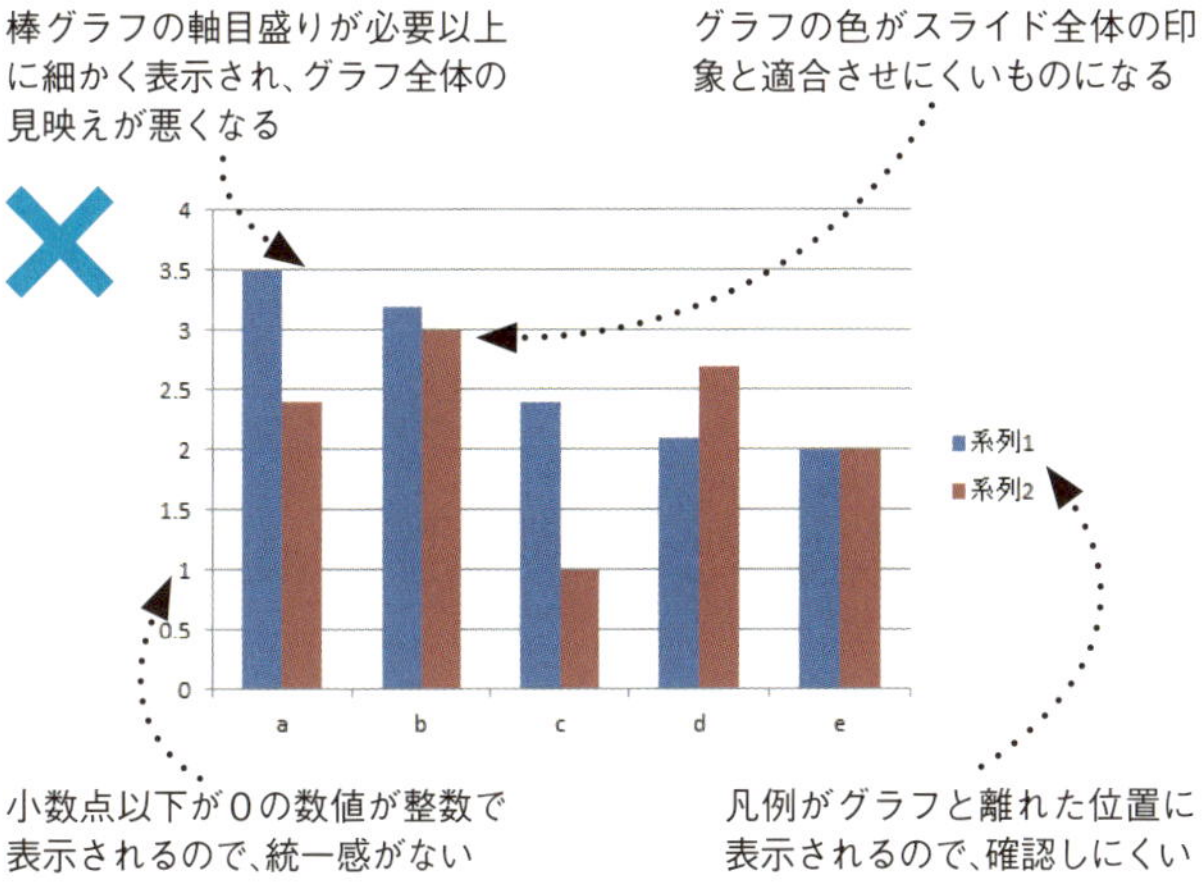
棒グラフの軸目盛りが必要以上に細かく表示され、グラフ全体の見映えが悪くなる
グラフの色がスライド全体の印象と適合させにくいものになる
×
4
3.5
3
2.5
2
1.5
1
0.5
0
a
b
c
d
e
系列1
系列2
小数点以下が0の数値が整数で表示されるので、統一感がない
凡例がグラフと離れた位置に表示されるので、確認しにくい

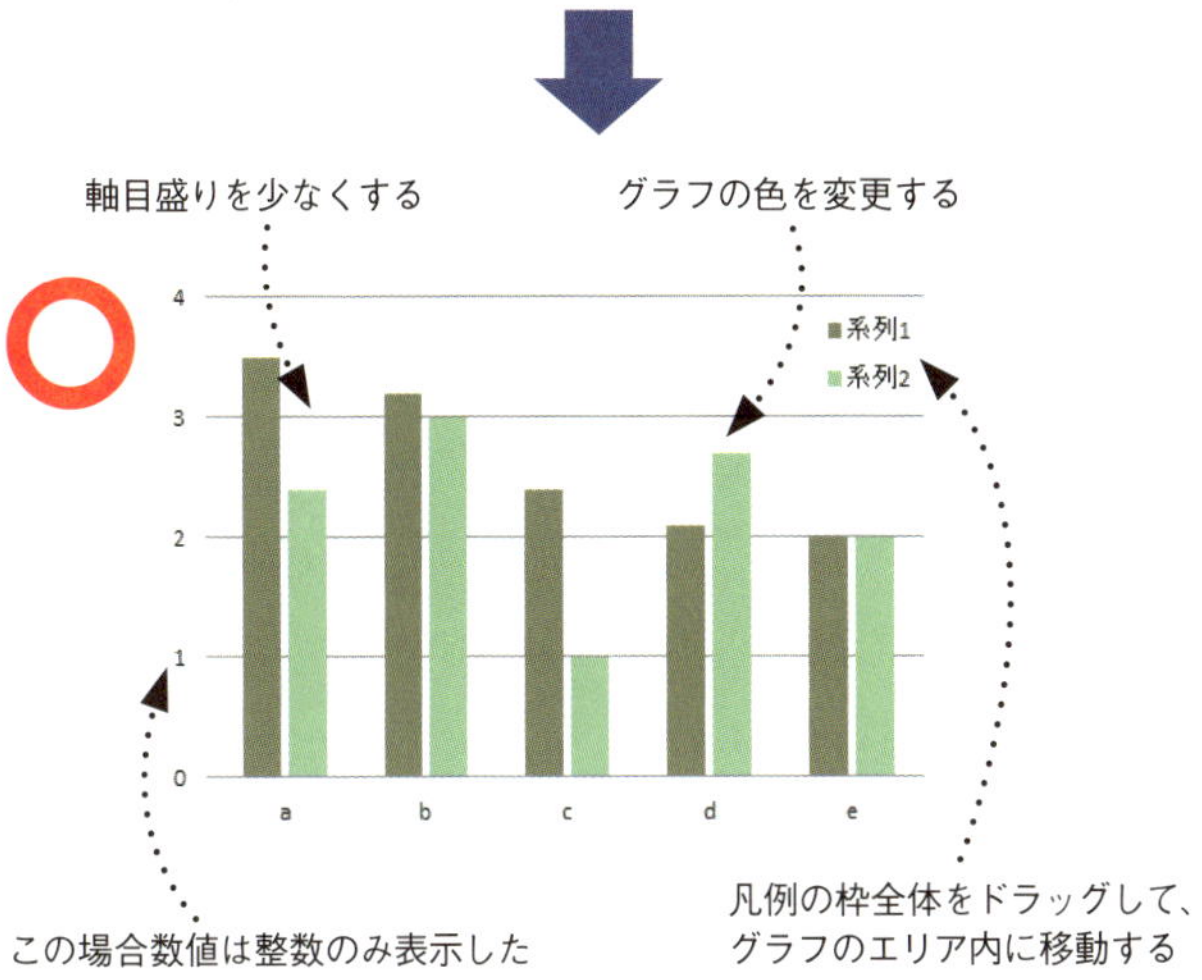
軸目盛りを少なくする
グラフの色を変更する
4
3
2
1
0
a
b
c
d
e
系列1
系列2
この場合数値は整数のみ表示した
凡例の枠全体をドラッグして、グラフのエリア内に移動する

主な設定項目の初期設定の状態と、対処方法（円グラフの場合）

グラフの色がスライド全体の印象と適合させにくいものになる

×

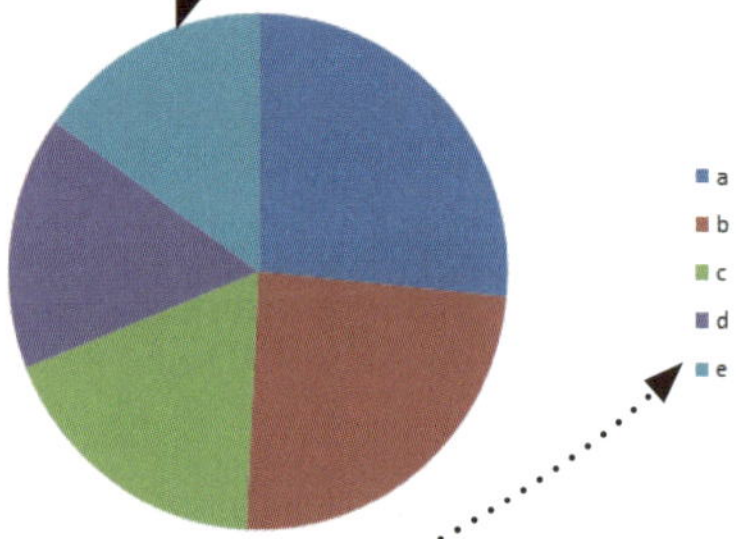

凡例がグラフと離れた位置に表示されるので、確認しにくい

グラフの色を変更する

○

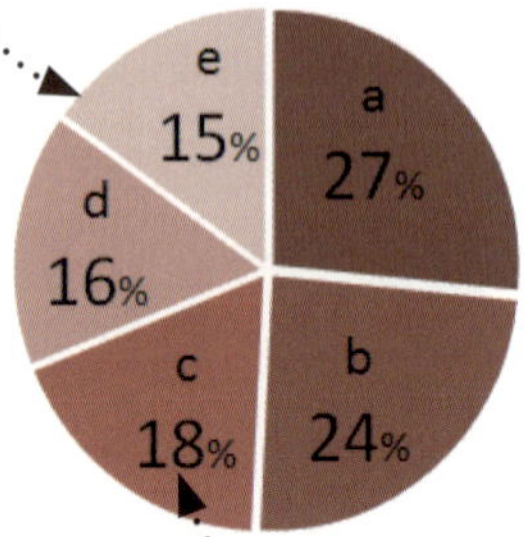

初期設定で表示される凡例を非表示にして、凡例を各要素の上に表示させる（この例のように凡例と数値を表示させたいときは、「データラベルの書式設定」画面の「ラベルオプション」で、「ラベルの内容」にある「分類名」と「パーセンテージ」にチェックを付ける）

に注目されてしまい、伝えたいことが伝わりにくくなります。

たとえば、折れ線グラフである1ヵ所に注目させたいとします。何も工夫がないと、パッと見た瞬間に注目する箇所は、人それぞれ異なってしまうはずです。このようなときは、注目させたい箇所を強調しておくことで、自然と聴衆の目線を導くことができます（次ページ図A）。

必要なのは、こうしたほんのちょっとした工夫です。棒グラフの場合は、注目させたい棒の色を変更して強調できますし、円グラフの場合は、注目させたい部分を中心から少しずらして強調できます（次ページ図B、C）。

1つ具体的な例をあげます。ある数値が4年間でどのくらい増えたかを示す棒グラフで、数値が約2倍に増えているとします。

すべての聴衆に注目してもらいたいのは、棒グラフが示す数値が2倍に増えていることです。これについて「4年間で2倍の増加」などの文字列を掲載すれば、2倍の増加を伝えることは可能です。しかし、どこを比較して2倍の増加なのかまでは瞬時に伝わりません。聴衆は該当する箇所を探し、2倍であることを目で測って確認することになってしまいます。

そこで、該当する箇所へ聴衆の目線を導き、目で測らなくても2倍になっていることが伝わってしまうように工夫します。ここでは2つの方法を紹介します（123ページ図D）。ポイントは、どの棒を比較して2倍の増加なのかを明確にすることです。

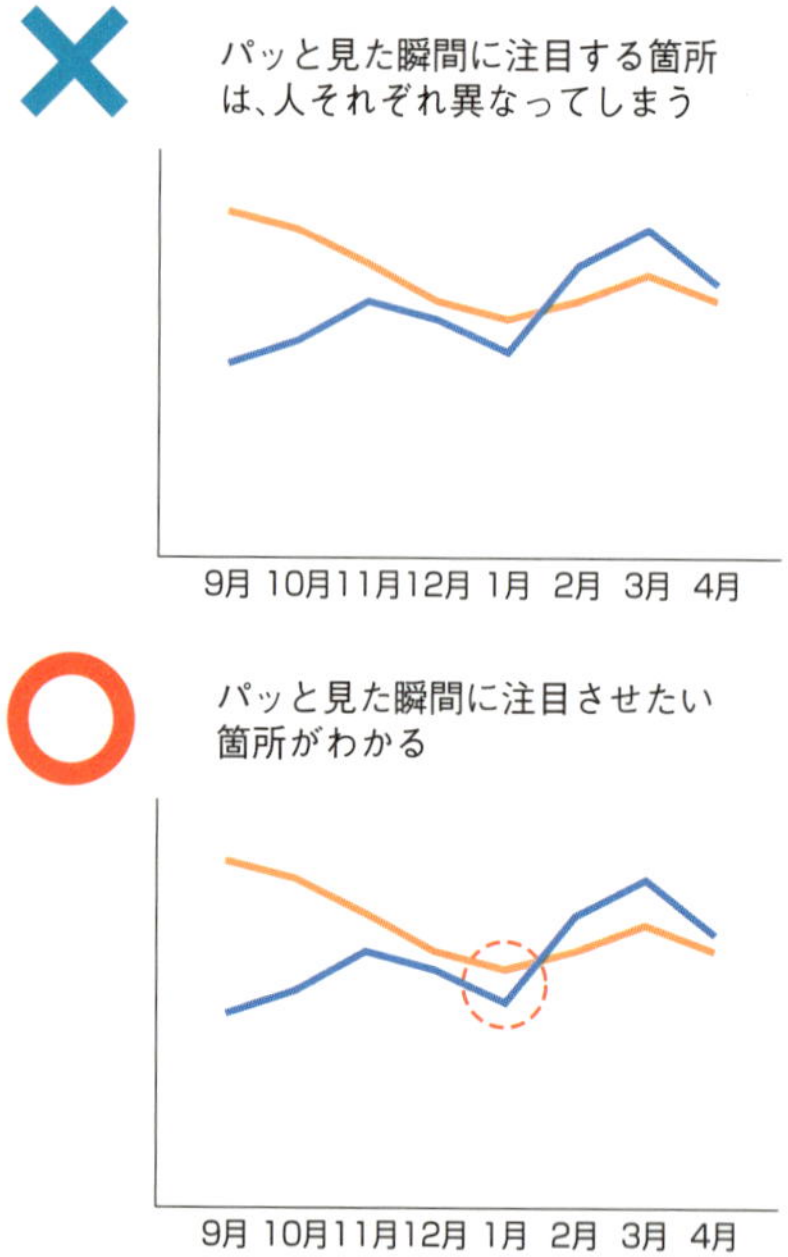
パッと見た瞬間に注目する箇所
は、人それぞれ異なってしまう
9月 10月11月12月 1月 2月 3月 4月
パッと見た瞬間に注目させたい
箇所がわかる
9月 10月11月12月 1月 2月 3月 4月

図A　注目してもらいたい箇所に聴衆の目線を
導く工夫がある場合と、ない場合

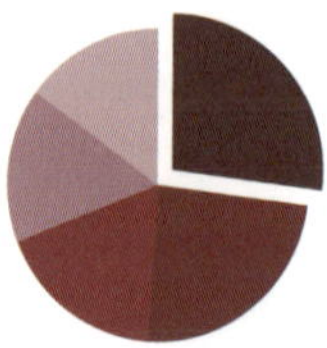

図C　注目させたい部分を中心
から少しずらして強調する

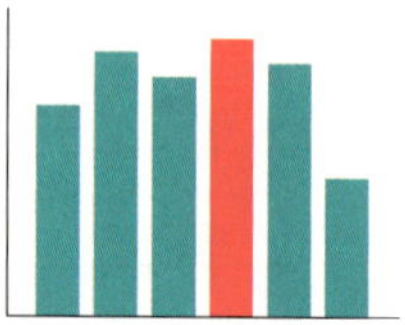

図B　注目させたい棒の色を
変更して強調する

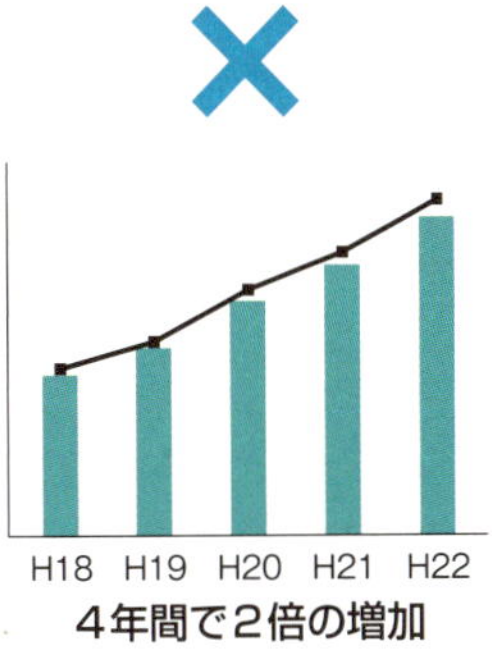
H18 H19 H20 H21 H22
4年間で2倍の増加

文字列で「2倍の増加」を伝えることはできるが、どこを比較して2倍の増加なのかまでは瞬時に伝わらない

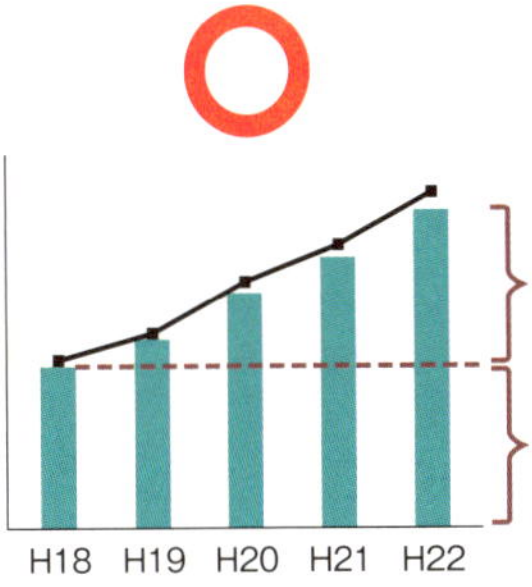
H18 H19 H20 H21 H22

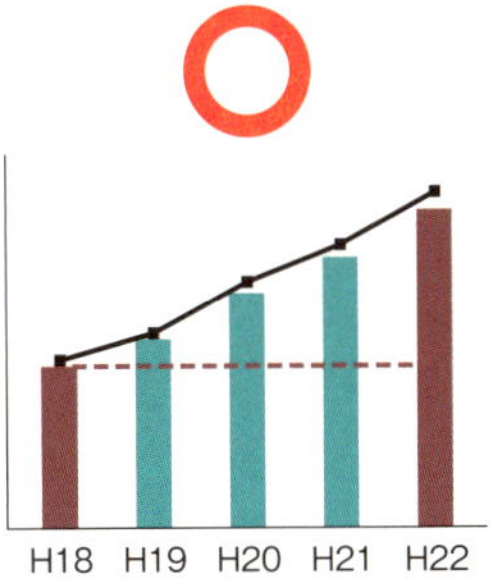
H18 H19 H20 H21 H22

どの棒を比較して2倍の増加なのかを明確にして、目で測らなくても瞬時に伝わるようにする

図D　注目してもらいたい箇所に聴衆の目線を導く工夫がある場合と、ない場合

13 伝わる表にするデザインの原則

伝わりやすい表のデザイン、2つの基本パターン

表は、何も装飾がない縦横の罫線が入っただけの状態だと、あまりに味気なく見映えがよくありません。しかし、よく考えずに色を付けてしまうと、見映えが悪くなるだけでなく、肝心のデータが読み取りにくくなってしまうこともあります。

伝わりやすい表には、ある程度限られたデザインのパターンがあります。そうしたものをお手本にするのが無難です。そこで本節では、表に色を付ける場合と付けない場合の基本パターンを紹介します。

色を付ける場合の基本パターン

項目見出しのセルの色を濃いめにして、見出しの文字列は白抜きにします。そして、見出し以下の項目は、1行ごとに2種類の薄い色（あるいは、薄い色と白色）で網掛けにします。色は、

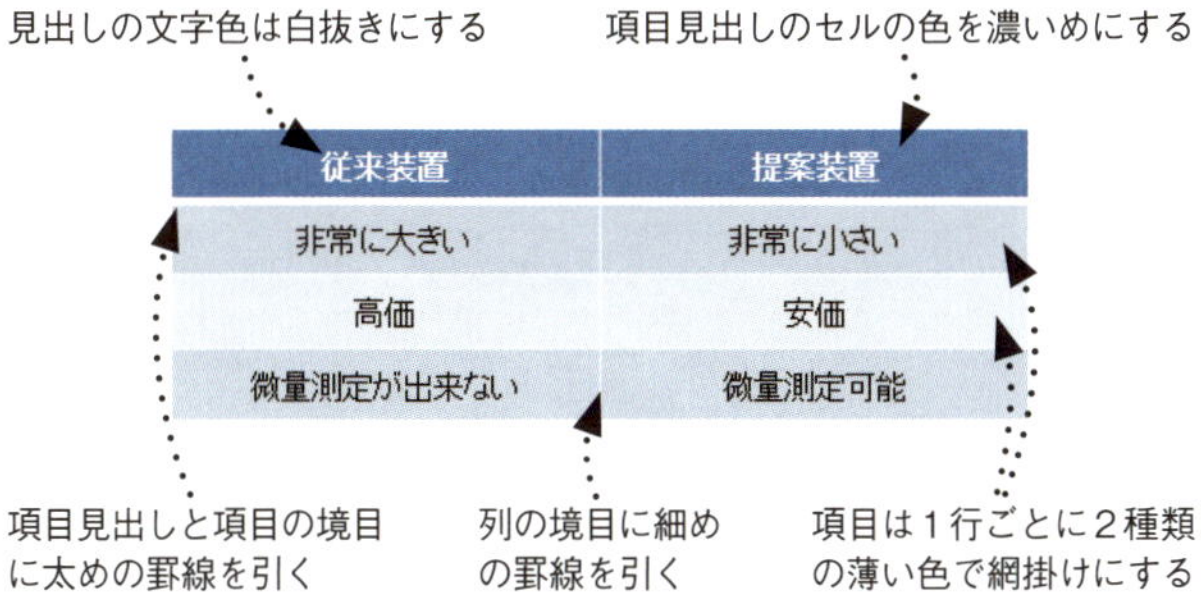
見出しの文字色は白抜きにする
項目見出しのセルの色を濃いめにする
従来装置
提案装置
非常に大きい
非常に小さい
高価
安価
微量測定が出来ない
微量測定可能
項目見出しと項目の境目に太めの罫線を引く
列の境目に細めの罫線を引く
項目は1行ごとに2種類の薄い色で網掛けにする

色を付ける場合の基本パターン

ベース色とメイン色（105ページ）と調和するものにするとよいでしょう。

また罫線は、項目見出しと項目の境目にやや太めのもの、列の境目に細めのものを引きます。セルの色が濃いめの場合、罫線の色を白色にすると効果的です（上図）。

色を付けない場合の基本パターン

スライドによっては表に色を付けない方が、伝わりやすくなることもあります。たとえば、表の中の注目させたいデータ部分をアクセント色に変更して、目立たせるときは、表に色が付いていない方がよいでしょう。

色を付けない場合は、罫線の入れ方がポイントとなります。すべての縦横の罫線があると目障りなので、項目見出しの上下に2本と表の最後に1本の横向きの罫線だけ引きます。項目見出しの上下の罫線を少し太めにすると、データを読み取りやすくなります（次ページ図）。

✕

	スピン密度[m^{-3}]	体積[m^3]	スピン個数
従来法	1.4×10^{17}	10^{-7}	1.4×10^{10}
インダクタ単体	5×10^{21}	2.5×10^{-13}	1.3×10^{9}
VCO	1.1×10^{19}	2.5×10^{-13}	2.7×10^{6}

すべての縦横の罫線があると目障りに見える

○

項目見出しの上下に太めの罫線を引く

	スピン密度[m^{-3}]	体積[m^3]	スピン個数
従来法	1.4×10^{17}	10^{-7}	1.4×10^{10}
インダクタ単体	5×10^{21}	2.5×10^{-13}	1.3×10^{9}
VCO	1.1×10^{19}	2.5×10^{-13}	2.7×10^{6}

表の最後に罫線を引く

色を付けない場合の基本パターン

共通の単位や記号は、表の右上か項目見出し内に表示する

表のデータに数値がある場合、各単位をデータと一緒に表示すると、表内がごちゃごちゃしてしまいます。表全体で共通する単位なら表の右上に、各列で共通する単位ならそれぞれの項目見出し内に表示させるようにしましょう（次ページ図A）。

注目させたいデータ部分を目立たせる工夫

表の場合、注目させたいデータ部分を目立たせたいときは、次のいずれかの方法を使うとよいでしょう（129ページ図B）。

・注目させたい箇所の文字列の色を変更する
・注目させたい箇所のセルの色を変更する
・ふきだしを使う

なお、「色を付けない場合の基本パターン」（125ページ）で紹介したように、注目させたいデータがある場合、表全体に色が付いていない方が目立たせやすくなります。

×

高さ	10[mm]
配線幅	400[mm]
直径	4[mm]

単位をデータと一緒に表示すると、
表内がごちゃごちゃする

○

表全体で共通する単位は
表の右上に表示する

[mm]

高さ	10
配線幅	400
直径	4

○

各列で共通する単位は、それぞれの項目見出し内に表示する

	スピン密度[m^{-3}]	体積[m^3]	スピン個数
従来法	1.4×10^{17}	10^{-7}	1.4×10^{10}
インダクタ単体	5×10^{21}	2.5×10^{-13}	1.3×10^{9}
VCO	1.1×10^{19}	2.5×10^{-13}	2.7×10^{6}

図A　共通の単位や記号は、表の右上か項目見出し内に表示

○

	スピン密度[m^{-3}]	体積[m^3]	スピン個数
従来法	1.4×10^{17}	10^{-7}	1.4×10^{10}
インダクタ単体	5×10^{21}	2.5×10^{-13}	1.3×10^{9}
VCO	1.1×10^{19}	2.5×10^{-13}	2.7×10^{6}

注目させたい箇所の
文字列の色を変更する

○

	スピン密度[m^{-3}]	体積[m^3]	スピン個数
従来法	1.4×10^{17}	10^{-7}	1.4×10^{10}
インダクタ単体	5×10^{21}	2.5×10^{-13}	**1.3×10^{9}**
VCO	1.1×10^{19}	2.5×10^{-13}	2.7×10^{6}

注目させたい箇所の
セルの色を変更する

○

	スピン密度[m^{-3}]	体積[m^3]	スピン個数
従来法	1.4×10^{17}	10^{-7}	1.4×10^{10}
インダクタ単体	5×10^{21}	2.5×10^{-13}	**1.3×10^{9}**
VCO	1.1×10^{19}	2.5×10^{-13}	2.7×10^{6}

従来比
2倍!

ふきだしを使う

図B 注目させたいデータ部分を目立たせる工夫例

14

伝えたいことを伝えるための写真とイラストの原則

写真やイラストを掲載する際は、意図を明確にする

写真やイラストは、スライドで伝えたいことを視覚的に伝える上で重要な要素です。上手に使えばとても効果的ですが、ただ掲載するだけでは何の効果もないどころか、スライドを見る聴衆にとって邪魔になってしまうことすらあります。「内容と関係ある写真だし、とりあえずスライドに載せよう」「なんだかスライドが寂しいから、何かイラストを入れておこう」といった考えで写真やイラストを使うのは要注意です。

原則となる考え方は、**「スライドで伝えたいことを伝えるために必要だから、写真やイラストを載せる」**です。写真やスライドを掲載する意図を明確にしましょう。

写真は伝えたい箇所を中心にした構図にする

1枚の写真の中に写っているのは、伝えたいことを伝えるために必要な内容だけでしょうか？

伝えたい内容と関係のないものも写っていませんか？　そのような状態のままでスライドに掲載すると、聴衆には注目すべき箇所を探す負担が発生します。この問題を避けるために、写真を使う際は伝えたい箇所だけを見てもらえるようにトリミングするなどして構図を調整することが必須です。たとえば、伝えたい内容が果物の表面の状態である場合は、果物を中心にトリミングして、表面の状態をよく見られるように拡大します。さらに、特定の箇所を示したいときは、その箇所を丸囲みしたり、矢印で指したりして注目すべき箇所を限定します（左図）。

スライドで伝えたい内容が、
果物の表面の状態の場合

トリミングして、表面の状態を
よく見られるように拡大する

特定の箇所を示したいときは、
丸囲みしたり、矢印で指したりする

COLUMN

背景を削除する

トリミングの一つとして、背景を削除する方法もあります。PowerPointの場合は「背景の削除」機能を使います（Keynoteの場合は「アルファ」ツール）。

背景を削除した状態

写真上に文字を入れるときは、文字枠に背景をつけない

写真を掲載するとき、スライドの主役は写真です。写っている物質などの名称を表す文字列を写真上に入れるときは、目障りにならないように配置する必要があります。文字列が目立たないことを心配して文字枠に背景をつけてしまうと写真より目立ってしまうのです。文字列の色を調整して、写真の邪魔にならないところにさりげなく配置するようにしましょう。

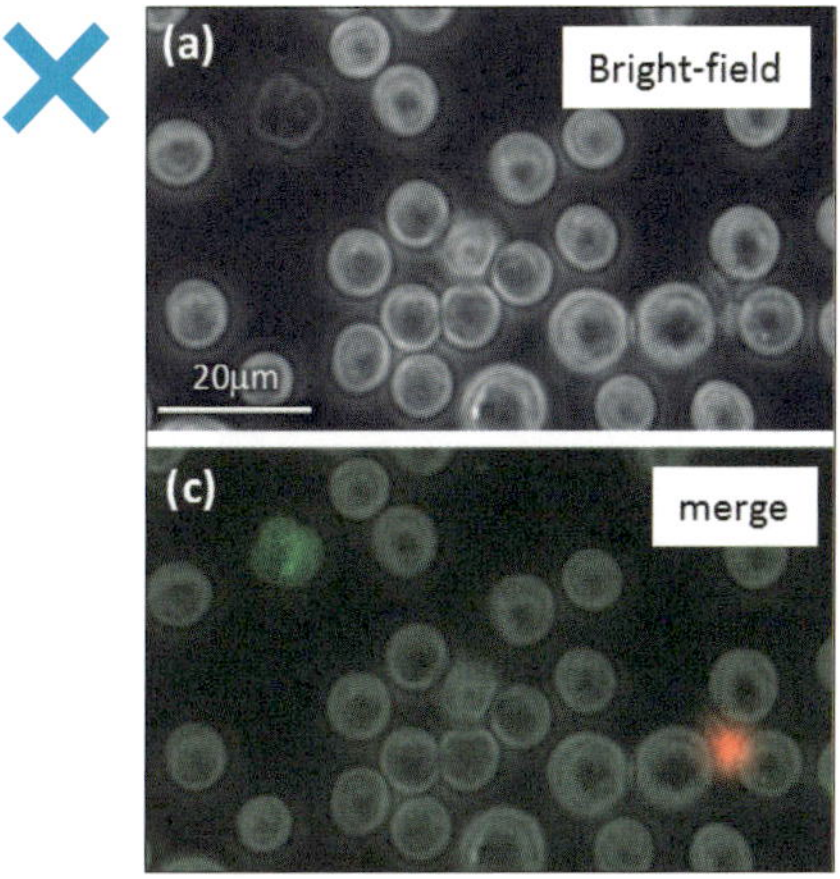

文字枠に背景をつけると写真より目立ってしまう

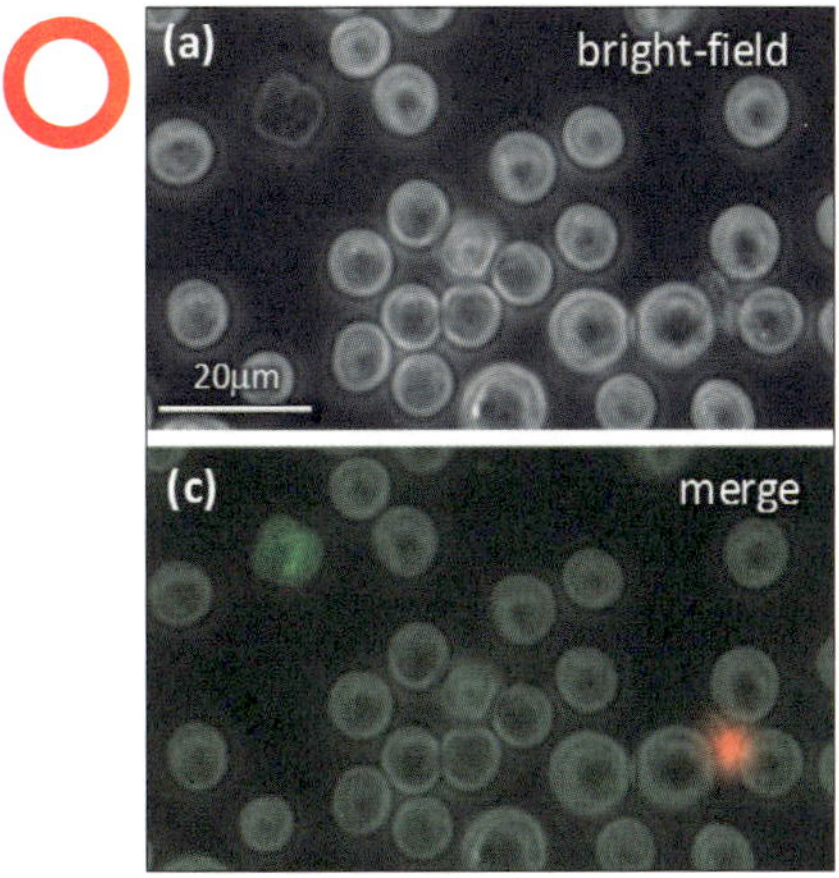

文字枠には背景をつけず、文字列の色を調整する

同じテイストのイラストで統一する

インターネットを通じて、版権フリーのイラスト素材を入手することが当たり前な時代です。伝えたい内容と関連のあるイラストを見つけること自体は、それほど難しいことではありません。しかし、いろいろなイラストを入手しやすくなっている分、安易に使いすぎてしまう傾向も見られます。

よくあるのが、内容とは関連しているものの、テイストの異なるイラストが1枚のスライド上に混在しているケースです。一点一点のイラストは伝えたい内容と関連していても、テイストに統一感がないと、スライド全体がごちゃごちゃした印象を与えます。

たとえば、次ページ上図の例では、リアルなタッチのイラストと漫画風タッチのイラストを1枚のスライドで一緒に使っています。ある物事の過程について、全体を山登りにたとえていることは背景の山のイラストだけでもわかりやすくなっています。しかし、各過程に使われているイラストのテイストがバラバラな上、点数が多いため、全体的に見にくくなっているのです。

同じ例で、統一感のあるテイストのイラストを使い、イラストの点数を絞り込んだスライドが次ページ下図です。背景の山のイラストから視覚的に得られる全体イメージが中心であることがわかりやすくなり、スライド全体に統一感がでて見やすくなっています。

×

イラストのテイストがバラバラで、
点数が多いと、全体的に見にくくなる

○

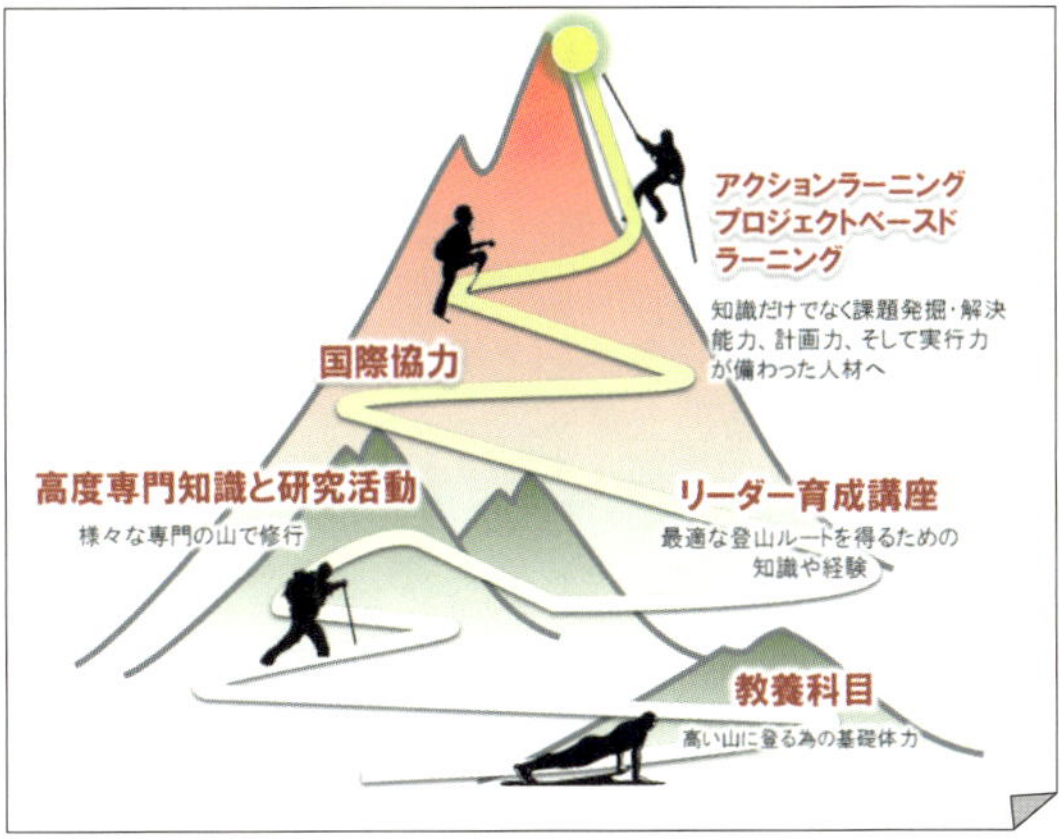

統一感のあるテイストのイラストで点数を絞り込むと、
全体的に統一感がでて見やすくなる

写真やイラストはよくも悪くも注目される

写真やイラストは、スライド上で人の目線を集めます。よくも悪くも、聴衆は写真やイラストに注目してしまうのです。

特にイラストは、前項で説明したように安易に使ってしまいがちです。たとえば、全体的に難しい内容のスライドに余白があると、聴衆に親しみを持ってもらう目的で、少しなごみ系の控えめなかわいらしいイラストを入れるのもよさそうだと考えるかもしれません。しかし、聴衆の目線はそのイラストに向いてしまいやすく、本来伝えたい内容を伝える妨げとなってしまう場合もあるのです。

次ページ上図では、例としてマウスの精巣に関する写真が5点入ったスライドの余白に、マウスのイラストを入れています。親しみを持ってもらう目的で入れたとしても、ほとんどの聴衆は作成者が意図した以上にこのイラストを意識してしまうはずです。**余白を怖がらず、伝えたいことを伝えるのに寄与するイラストでなければ使わずに、余白のままにしておく方が断然伝わりやすくなります**（次ページ下図）。

×

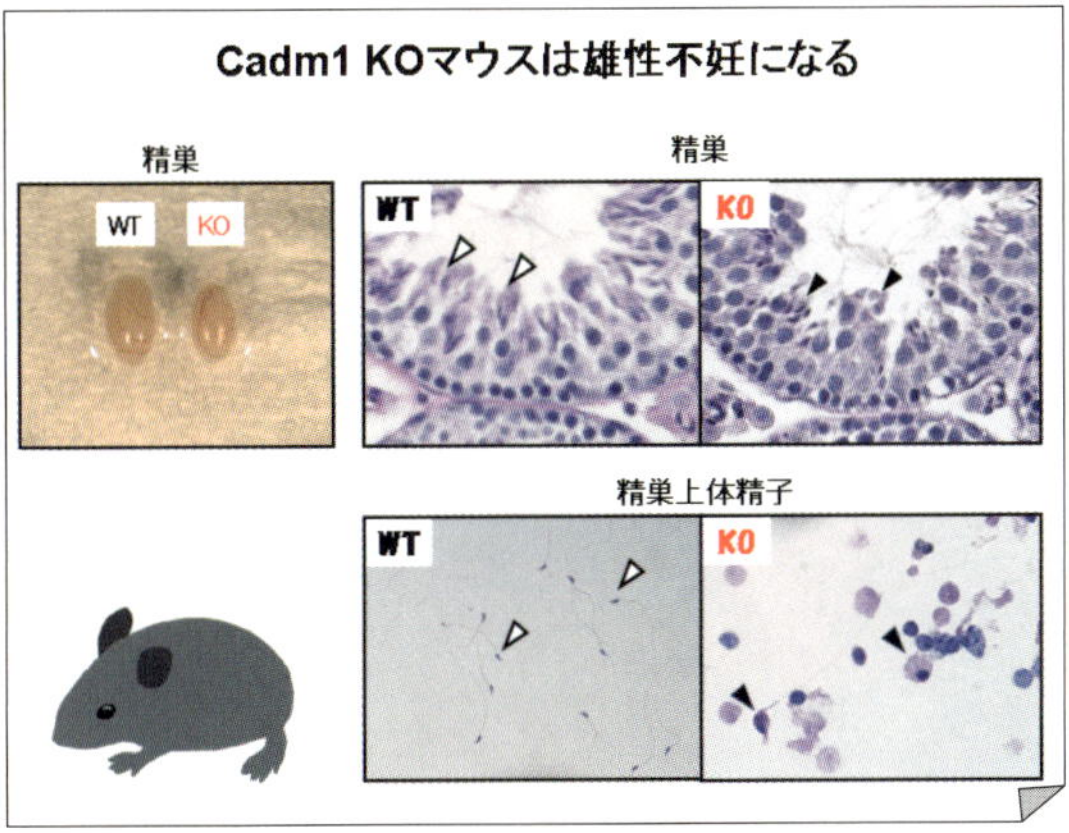
Cadm1 KOマウスは雄性不妊になる
精巣
WT
KO
精巣
WT
KO
精巣上体精子
WT
KO

余白に入れたイラストに聴衆の目線が向いてしまう

○

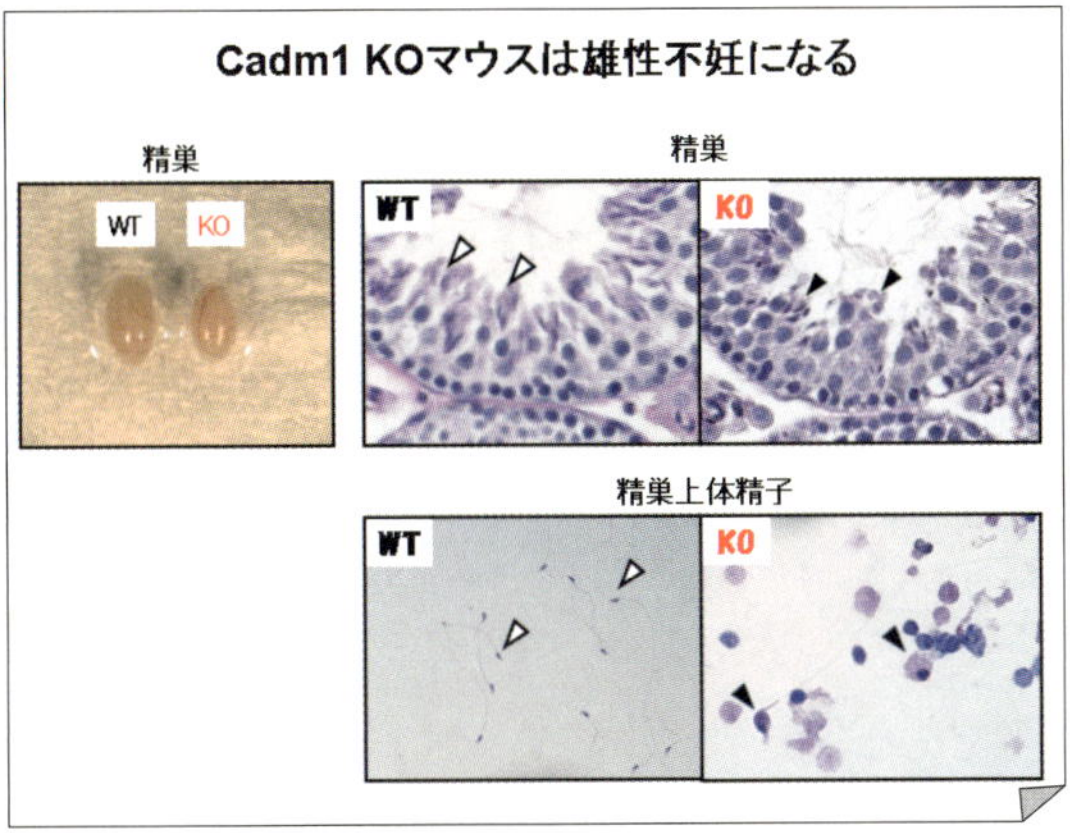
Cadm1 KOマウスは雄性不妊になる
精巣
WT
KO
精巣
WT
KO
精巣上体精子
WT
KO

余白のままの方が伝わりやすい

所属先のロゴなどをスライドに入れない方がよい

本項では、イラストはよくも悪くも人の目線を集めてしまうことを紹介しました。これは、大学や研究室といった発表者の所属先のロゴなどにも該当します。

こうしたロゴが、スライドのヘッダー部分の端などに入っているのをときどき見かけます（次ページ図）。**ロゴが各スライドに入ると、統一された「それっぽさ」を漂わすことはできるのですが、聴衆に伝えたい内容とは無関係です**。聴衆の目線を惑わせる可能性を考えると、そこまでして所属先についてアピールする理由はないはずです。所属先のロゴが必須とされていないのであれば、ロゴは入れない方がよいと筆者は考えています。

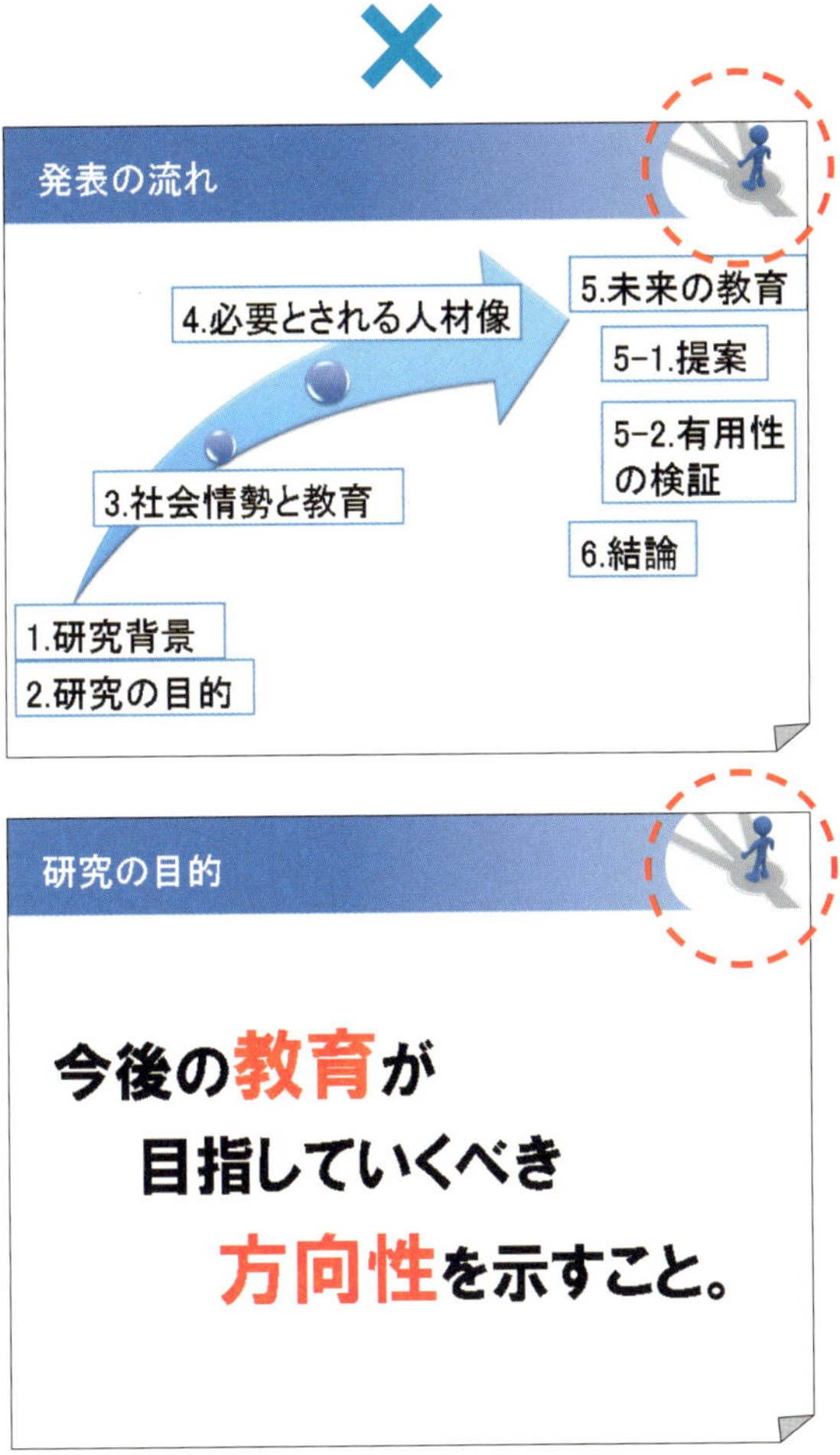

発表の流れ
1.研究背景
2.研究の目的
3.社会情勢と教育
4.必要とされる人材像
5.未来の教育
5-1.提案
5-2.有用性の検証
6.結論
研究の目的
今後の教育が
目指していくべき
方向性を示すこと。

各スライドに入るロゴが、聴衆の目線を惑わせることもある

15

図形や線を見映えよくする手法

図形や線の細かい部分が、スライド全体のわかりやすさに影響する

「わかりやすい」スライド作成において重要なのは文章を図に変換することで、そのやり方の概念はデザイン的手法の「イラストレーション」(70ページ)で説明しました。ここでは、文章を図に変換する際に用いるさまざまな図形や線を見映えよくする手法を紹介します。

一つ一つの図形や線の見映えは図全体の見映えに影響し、さらにはスライド全体の見映えにも関わってきます。見映えがよければ「わかりやすい」印象を与えることにもつながります。そのために、図形や線の細かい部分までへの配慮が必要なのです。

また、ＰｏｗｅｒＰｏｉｎｔにあらかじめ用意されている図形や線の中には、実際使うとスライド全体をぎこちない雰囲気にしてしまうものがあり、それらを使用する際は注意が必要です。そうした図形や線についても紹介します。

角丸の四角形は、角の丸さを揃える

概念などを図に表す際、文字列を入力した四角形を並べることがあります。四角形に角丸のものを使う場合は、角の丸さを揃えることで見映えをよくすることができます。

角丸の四角形は、角の丸さを揃える

×
角の丸さが
揃っていない
イノベーションのための
知識と知恵
資 金
○
角の丸さが
揃っている
イノベーションのための
知識と知恵
資 金

角丸の四角形を角丸の四角形で囲むときも、角の丸さを揃える

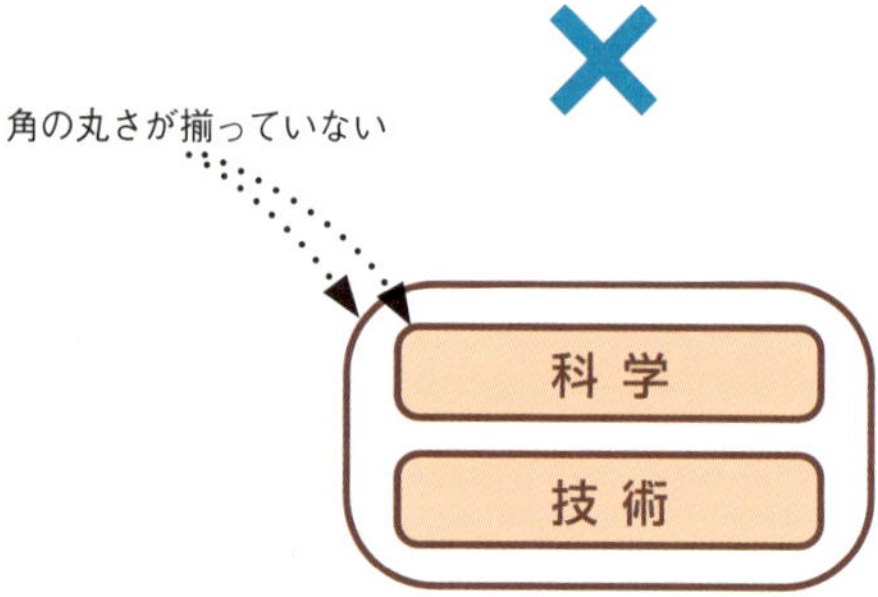
角の丸さが揃っていない
科学
技術

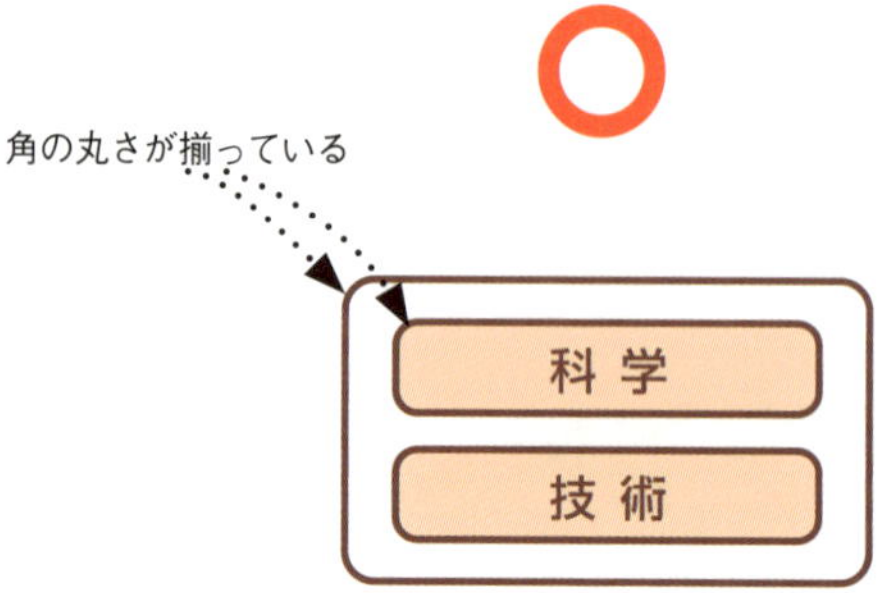
角の丸さが揃っている
科学
技術

ちょっとぎこちない図形は使わない

PowerPointに既存の図形の中には、実際使うとスライド全体をぎこちなくしてしまうものがあります。ここで紹介する6種類は、できれば使わない方がよいでしょう。

リボン

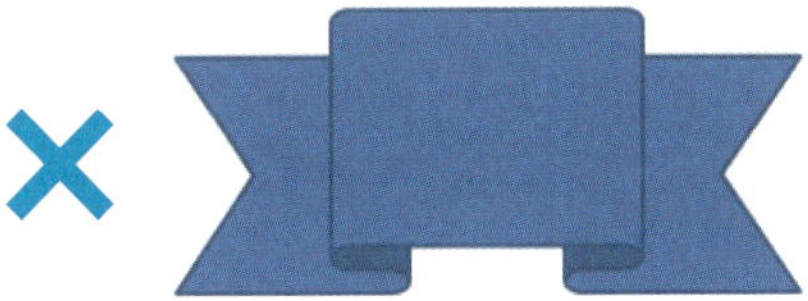

デザインが古くさく、リボン内に文字列を配置すると読みづらくなる

額縁

ボタンのように見せることもできるが、文字列を配置すると額縁部分が邪魔に見える

カーブ矢印

矢印としては目立ちすぎで、大きさやバランスを調整するのが困難

ブロック矢印

四角部分に文字列を入れてプロセス図に使えそうだが、
四角形と矢印の大きさのバランスが悪い

角丸四角形吹き出し

だらっとした三角形
になってしまう

吹き出し部分の形状を見
映えよく調整するのが困難

雲形吹き出し

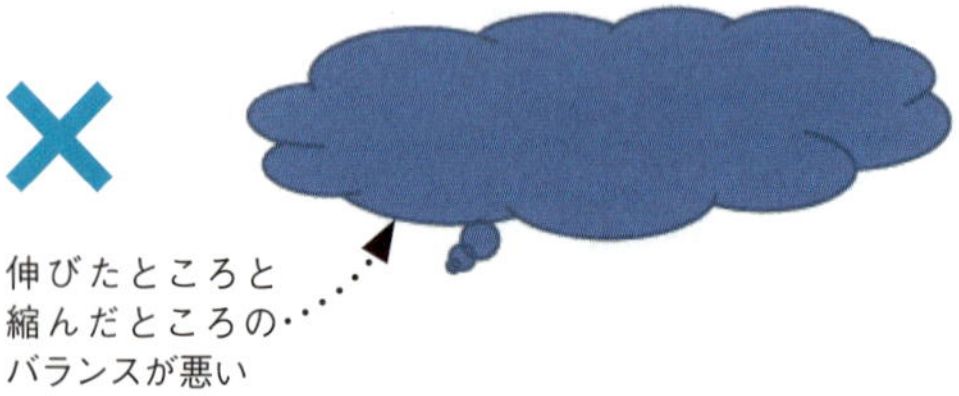
伸びたところと
縮んだところの
バランスが悪い

雲の形状を部分的に調整できないた
め、配置する文字列に合わせて大きく
すると全体の形状がおかしくなる

【図A】 文字列を囲む楕円が横長になると、見映えが悪い

方法	費用	期間
1、規格の統一	電気事業者側のみで10兆円	40年程度
2、設備の増強	90万kWの増強に1500億〜2500億円	15年程度

この場合、文字の色を変えるか、枠内に色を付けて目立たせる方がよい

【図B】 楕円を多用して図を作成すると、全体的なバランスが悪い

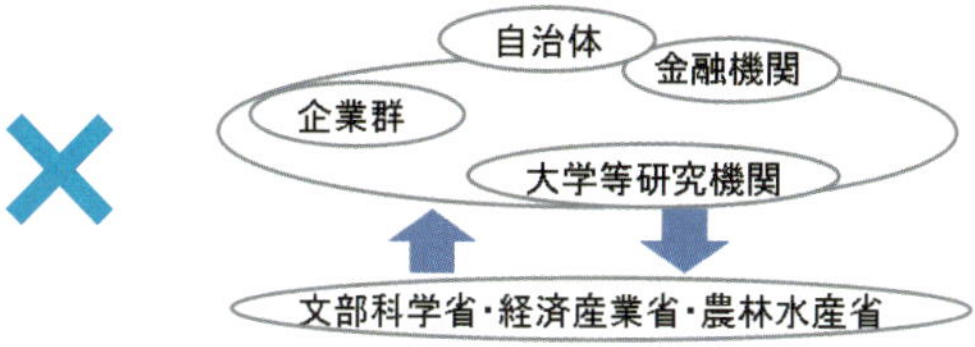
自治体
金融機関
企業群
大学等研究機関
文部科学省・経済産業省・農林水産省

楕円で囲むのは、原則避けたい

特定の文字列に印を付ける目的で、文字列を楕円で囲むのは、避けておく方が無難です。文字列の長さによっては、楕円が横長になってしまい、見映えがよくないためです（上図A）。

また、楕円を多用して図を作成すると、全体的なバランスが悪く見えます（上図B）。

囲みの線が目立ちすぎないようにする

複数の図形を使うとき、それぞれの図形の囲みの線が目立ちすぎると図全体が非常に見にくくなります。囲みの線をなくしたり、線の色を薄くするとよいでしょう（次ページ図C）。また、見出しや文章の両方に囲み線を付けると、読みにくくなります（次ページ図D）。

【図C】　囲みの線が目立ちすぎると、図全体が見にくくなる

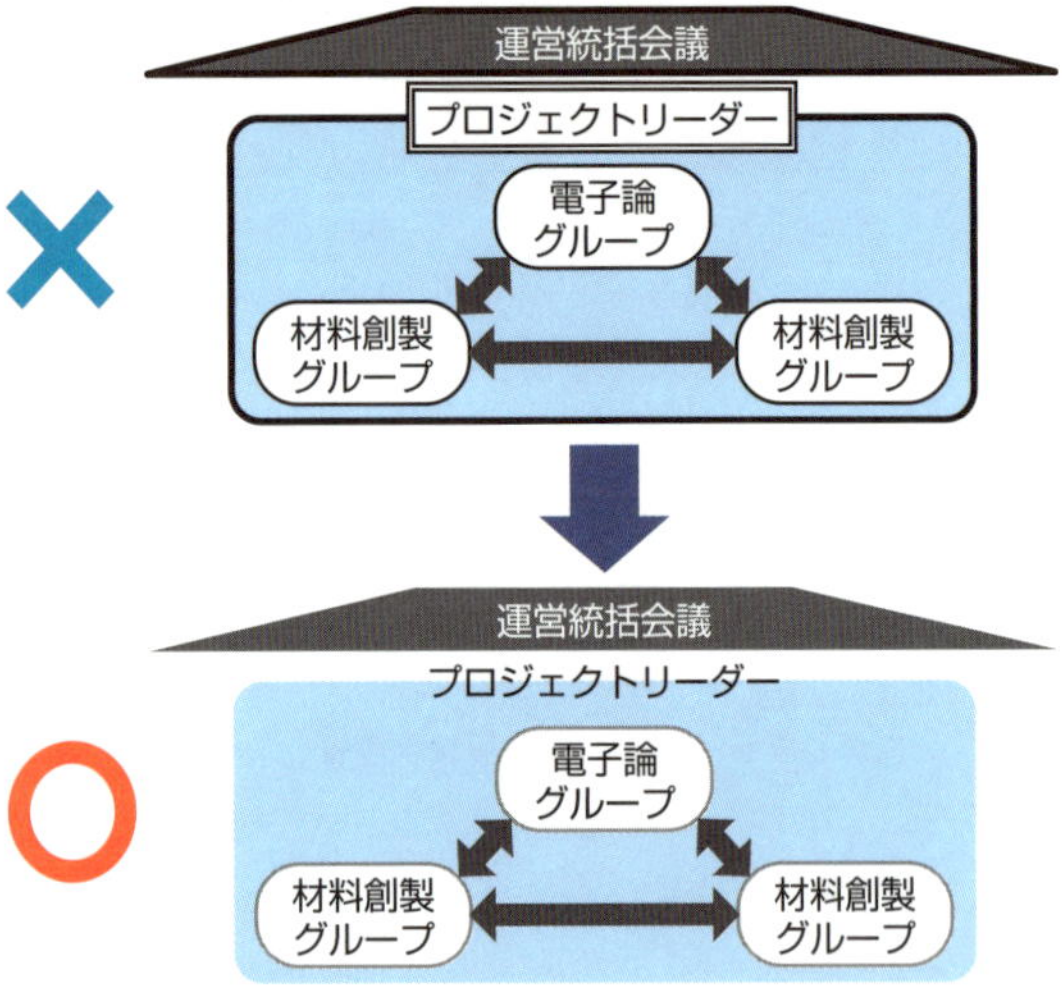
運営統括会議
プロジェクトリーダー
電子論グループ
材料創製グループ
材料創製グループ
運営統括会議
プロジェクトリーダー
電子論グループ
材料創製グループ
材料創製グループ

囲みの線をなくしたり、線の色を薄くしている

【図D】　見出しや文章に囲み線を付けると、読みにくくなる

×

先端材料研究による素材立国日本の再生

レアメタル、レアアース等の希少元素の供給を輸入に頼る我が国は、世界的な需要の急増や資源国の輸出管理政策により、深刻な供給不足に直面。昨年以降、資源国による輸出枠の大幅削減により、価格が高騰（例. 高性能磁石に用いられるジスプロシウム（Dy）の価格は、2005年比でおよそ20倍に。）

矢印は、矢先の三角形部分のバランスと縁取りに注意する

矢印の矢先となる三角形部分が間延びしていたり短すぎたりすると、バランスが悪く見映えがよくありません。左図の例を参考に、適度な長さに調整してください。また、矢印に縁取りがあると目立ちすぎてしまうので、使わない方がよいでしょう。

矢印の矢先となる三角形部分の長さに注意する
×
○
×
矢印を縁取ると目立ちすぎるので使わない
×
○

示し矢印が図の邪魔にならないように工夫する

図の特定の箇所を指し示す矢印は、本来見せるべき図の邪魔にならないように工夫します。図に重なる線が直線だと紛らわしく見えるので、点の曲線にするのがよいでしょう。

矢印の直線が図と重なると図の邪魔になるので、点の曲線にするなど

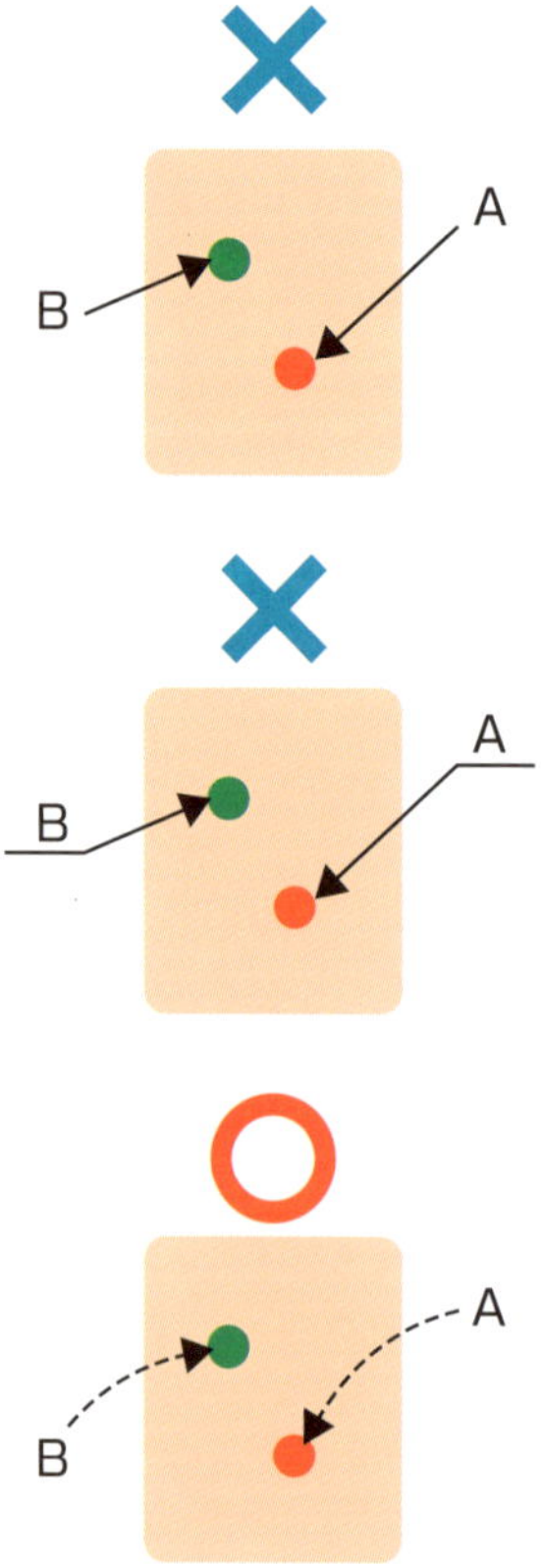

点線の囲みや下線で文字列を見やすくできることはない

文字列や文章を点線で囲んだり下線を引いたりすると、強調や装飾のつもりでも、聴衆には目がチカチカする印象を与えてしまい逆効果です（左図）。点線や下線を使って文字列を見やすくできることはない、と考えましょう（次ページ図）。

点線の囲みは目がチカチカする

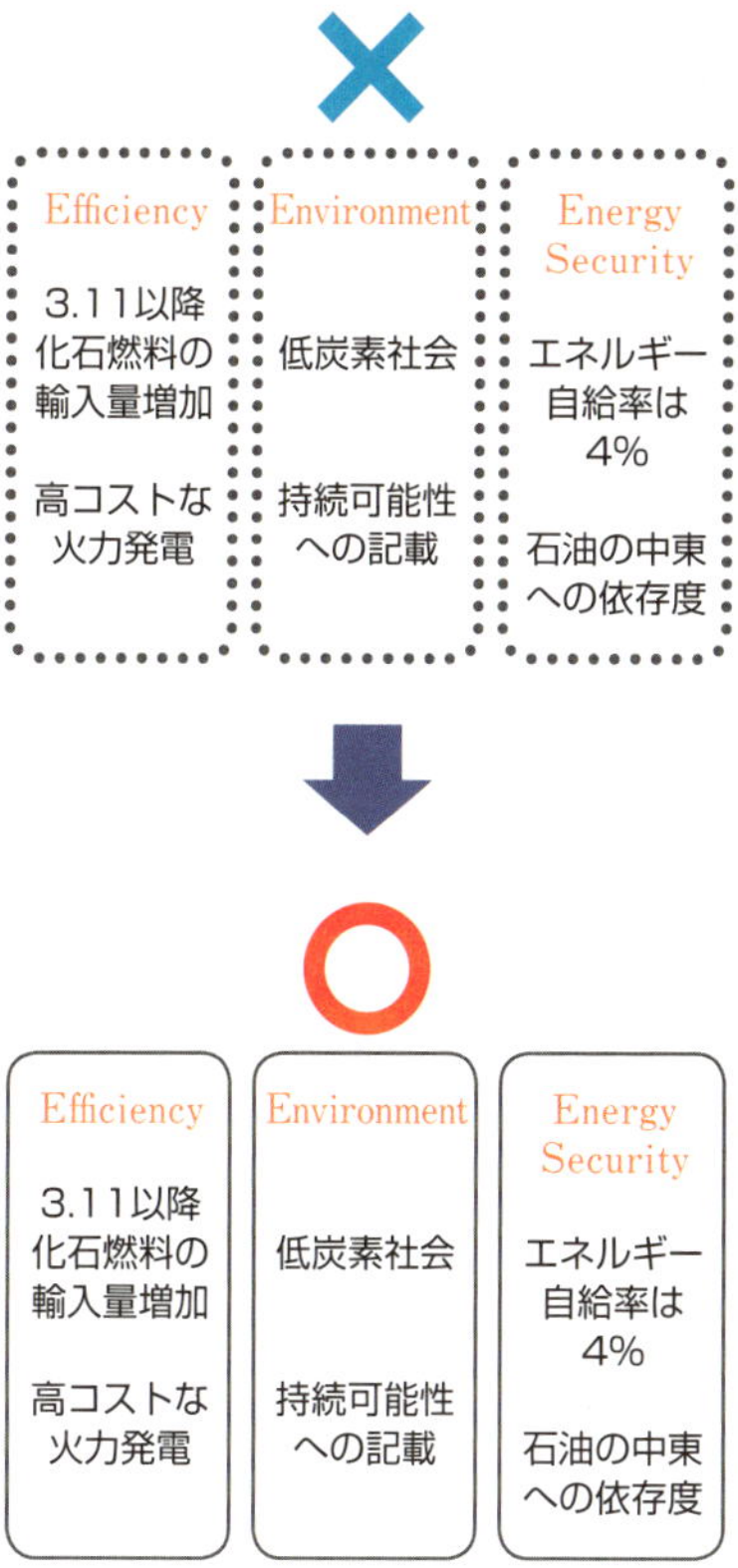
×
Efficiency
3.11以降
化石燃料の
輸入量増加
高コストな
火力発電
Environment
低炭素社会
持続可能性
への記載
Energy
Security
エネルギー
自給率は
4%
石油の中東
への依存度
○
Efficiency
3.11以降
化石燃料の
輸入量増加
高コストな
火力発電
Environment
低炭素社会
持続可能性
への記載
Energy
Security
エネルギー
自給率は
4%
石油の中東
への依存度

点の下線も目がチカチカする

×

自己実現の定義

大まかに、才能や能力、潜在能力などを十分に用い、また開拓すること

下線を多用すると、文字が読みにくくなる

×

すべての人が現在の生活に不満を感じておらず、将来の自分の生活に対する脅威がない社会

↓

○

すべての人が現在の生活に不満を感じておらず、将来の自分の生活に対する脅威がない社会

16 「わかりやすい」スライドの評価軸

前節までで紹介したスライドデザインの原則や手法は、すぐに実践して即効果を得られるものばかり厳選しています。これまでは、**どうすれば「わかりやすい」スライドを作成できるのかといった基準が何もわからない状態だったかもしれませんが、これからは、少なくともここで紹介してきたスライドデザインの原則や手法を評価軸として使い、「わかりやすい」スライドを作成できているかどうかを自分でチェックすることもできるはずです。**

ここでは、評価軸として使いやすいようにチェックすべき項目を4つの分野ごとに質問形式で掲載します。紹介する項目は、スライドを作成する人たちが自分でチェックするためだけのものではありません。「実は、生徒（あるいは部下など）が提出してくるスライドを評価する基準がよくわからない」「結局過去の事例に倣った指導ばかりしている」などと秘かに悩んでいる教師や上司などの指導者的立場にいる人たちにとっても、共通の評価軸として今後の指導に使うことができるものです。

デザイン的手法に関する問いかけ

コントラスト

●一番言いたいことはどこ？
どこもかしこも目立ってしまってない？
●スライドのどこから見たらよいかをわかりやすくしてる？
目線が泳がされてしまうことはない？
●キーワードを厳選して目立つ色にしている？
その箇所が多すぎない10％以下に抑えてる？

グルーピング

●ごちゃごちゃしてない？　揃えられるところが揃ってる？
●空白を無理に埋めていない？

イラストレーション

●読むのに時間がかかる、文字だらけのスライドになっていない？
●使用している写真や図、イラストは本当に必要なもの？
●かっこいい背景写真を使って満足してしまってない？
主張している内容が、背景写真に見合うものになっている？
●論理展開はわかりやすくなってる？
論理展開を図で説明してる？

文字や数字、配色に関する問いかけ

文字や数字

●文字だらけになってない？
●安易に箇条書きに頼ってない？
●文字サイズは 40 ポイントが標準になってる？
●書体は適材適所で使い分けてメリハリを付けてる？
すべて同じ書体になってない？
汎用性の低い書体を使ってない？
●丸ゴシック体を使いすぎてない？
●余計な行頭記号を使ってない？
●無意味な派手な文字装飾機能を使ってない？

配色

●ベース色、メイン色、アクセント色を使い分けている？
●色数が多すぎない？
すべてのスライドで色使いに統一感がある？
●無意味なグラデーションを使ってない？

グラフや表、写真、イラストに関する問いかけ

グラフ

- データを示す目的に合ったグラフの種類を選択している？
- 安易に三次元グラフを使ってない？
- Excel のグラフを初期設定のまま使ってない？
  色はベース色、メイン色、アクセント色に合うものに変更した？
  軸目盛りが細か過ぎない？
  凡例の位置がグラフから離れてない？
- グラフの伝えたい箇所へ目線を自然と導いている？

表

- 縦横に罫線のある単なる表のままになっているものはない？
- 表の伝えたい箇所へ目線を自然と導いてる？

写真

- 伝えたい箇所を中心にトリミングしてる？
- 写真上のテキストが、写真の邪魔になってない？

イラスト

- イラストのテイストに統一感を持たせてる？
- 伝えたいことと直結していないイラストを入れてない？
- すべてのスライドにロゴを入れていない？

図形や線に関する問いかけ

図形

●角丸四角形の角の丸さは揃っている？
●テンプレート集などによくあるぎこちない図形を使ってない？
●楕円を多用してない？
●文字や図形にやたらと囲みの線を多用してない？
●矢印が不恰好になってない？
●安易に矢印を縁取りしてない？

線

●長文の文字列すべてに下線を引いてない？
●文字列に点の下線を引いてない？
●無意味に囲みに点線を使ってない？
●直線ばかりが目立つスライドになってない？
円弧など適度に使い分けてる？

第3部

スライド全体の構成を聴衆に伝える工夫

「わかりやすい」スライド作りの仕上げとなるのが、全体の構成を聴衆に伝える工夫です。ここでは、全体の構成を伝えるのに有効な2つの方法を紹介します。

17 全体の構造を把握できるスライドを入れる

目次のような役割のスライドを入れる

伝えたい内容が精査された「わかりやすい」スライドを作成できたら、最後にスライド全体の構成を聴衆にわかりやすく伝える工夫をして仕上げましょう。

プレゼンでは、発表者が知っている情報について、聴衆は何も知らないというのが前提です。予測できないまま発表を聞くのは、たとえば、知らない人の車に乗せられて、行き先までの道中について何も告げられないのと同じで、多くの人が不安を感じるのではないでしょうか。「どのあたりを通っていくのか（○○市、○○通り）」「通る道はどのような状態か（峠道？　カーブの多い道？）」「どのくらいかかるのか（時間、距離）」などを確認できれば、道中がどのようになるのか予測できるので、安心するはずです。

プレゼンもこれと同じことです。**発表する内容にどのようなものがあるかを示す目次のような役割のスライドを入れて、聴衆がこれから見るスライドについて予測できるようにしましょう。**

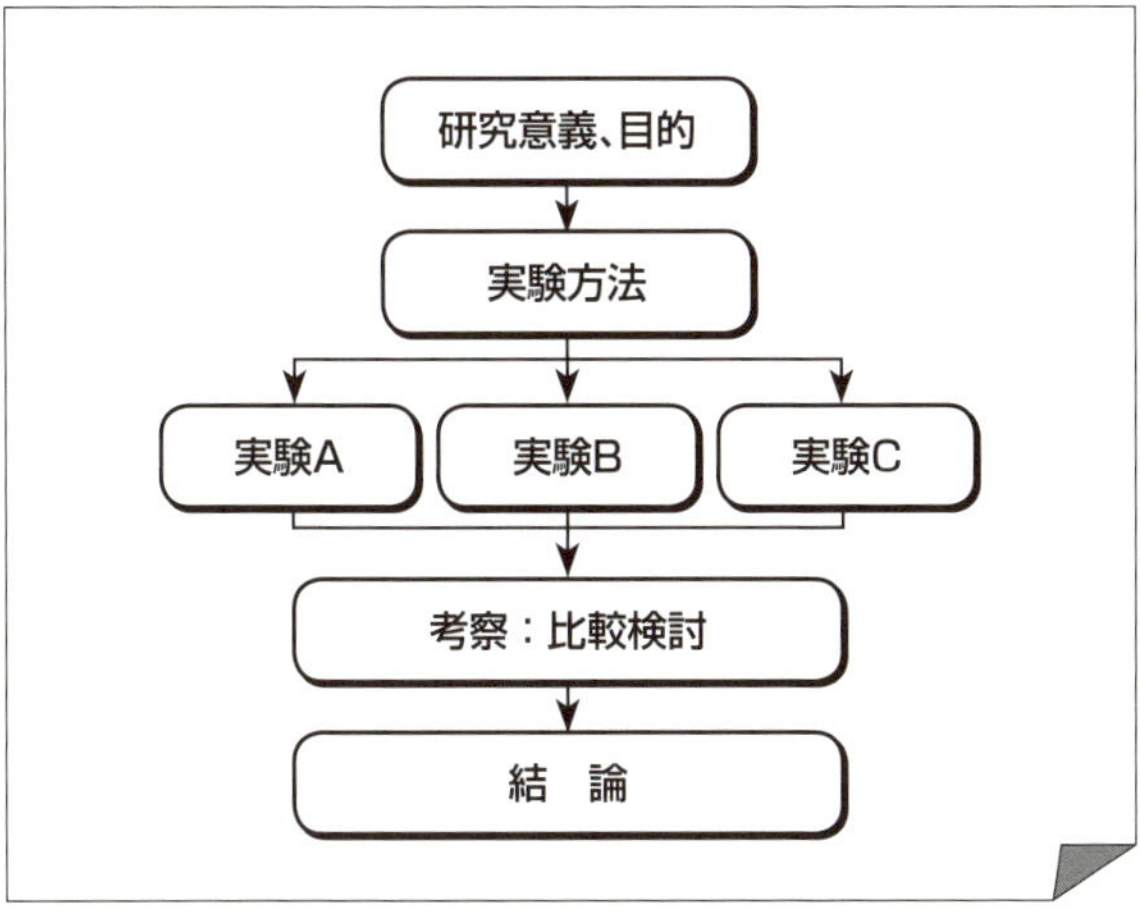

発表する内容を示す図の例

発表する内容を図に示す

目次のような役割だからと言って文字列を羅列しただけだと、読みにくいスライドになってしまい、あまり大きな効果は得られません。できるだけ視覚的に把握してもらえるように、発表する内容をフローチャートなどの図に示すのがよいでしょう。

ここでは例として、上図のように発表する内容を全体の構造と共に把握できる図にしています。プレゼンの冒頭の方にこうしたスライドを入れることで、聴衆はある程度内容を予測しながらスライドを見ていけるようになります。

大項目ごとにスライドの基調色を使い分ける

発表する内容によっては、項目がいくつかの大項目に分かれた構造になっていることがあるかもしれません。その大項目を聴衆に意識させるのはプレゼンの全体構造を理解してもらう上でとても重要です。そんなときは、スライドの基調色を大項目ごとに使い分ける方法もあります。

スライドの基調色は、すべてのスライドに共通するヘッダーなどに適用します。ヘッダーの色によって、表示されているスライドがどの大項目に属するかを自然と意識してもらえる効果的な手法です。

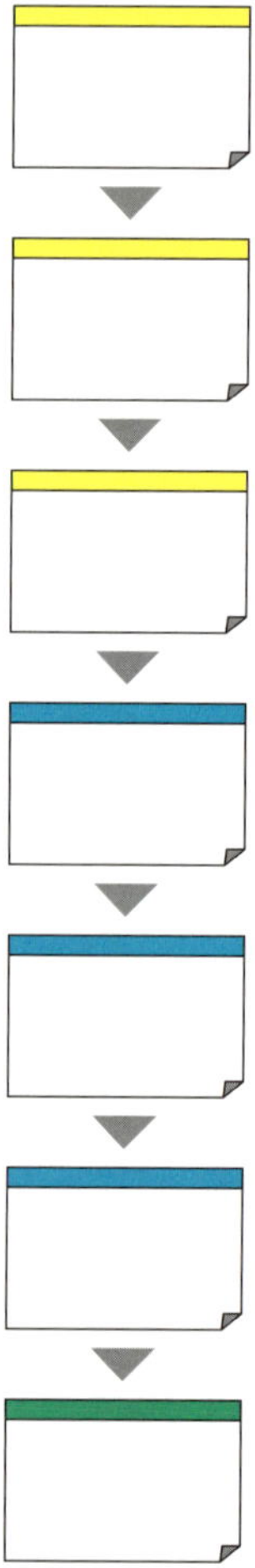

スライドの基調色を使い分け、大項目を意識しやすくする

18 「現在位置」を把握できるスライドを入れる

次の項目と「現在位置」を示すスライド

前節で示した図は、プレゼンにおける「現在位置」の確認にも使えます。前の項目から次の項目に移るところで、次に説明する項目部分の色を変えたスライドを入れるのです（次ページ図）。こうすると聴衆は、次の項目と共に「現在位置」も確認できます。

「現在位置」を視覚的に把握できることの重要性

「現在位置」をスライドで視覚的に確認することは、聴衆が「このあと発表される内容の予測」を確認できることでもあり、聴衆に安心感を持ってもらうためにとても重要です。前の項目から次の項目に移るたびに繰り返し確認するため、聴衆は次に表示されるスライドを受け入れる準備が常に整っている状態になりやすいのです。聴衆の予測を上手に活用できれば「わかりやすい」プレゼンの実現に近づきます。

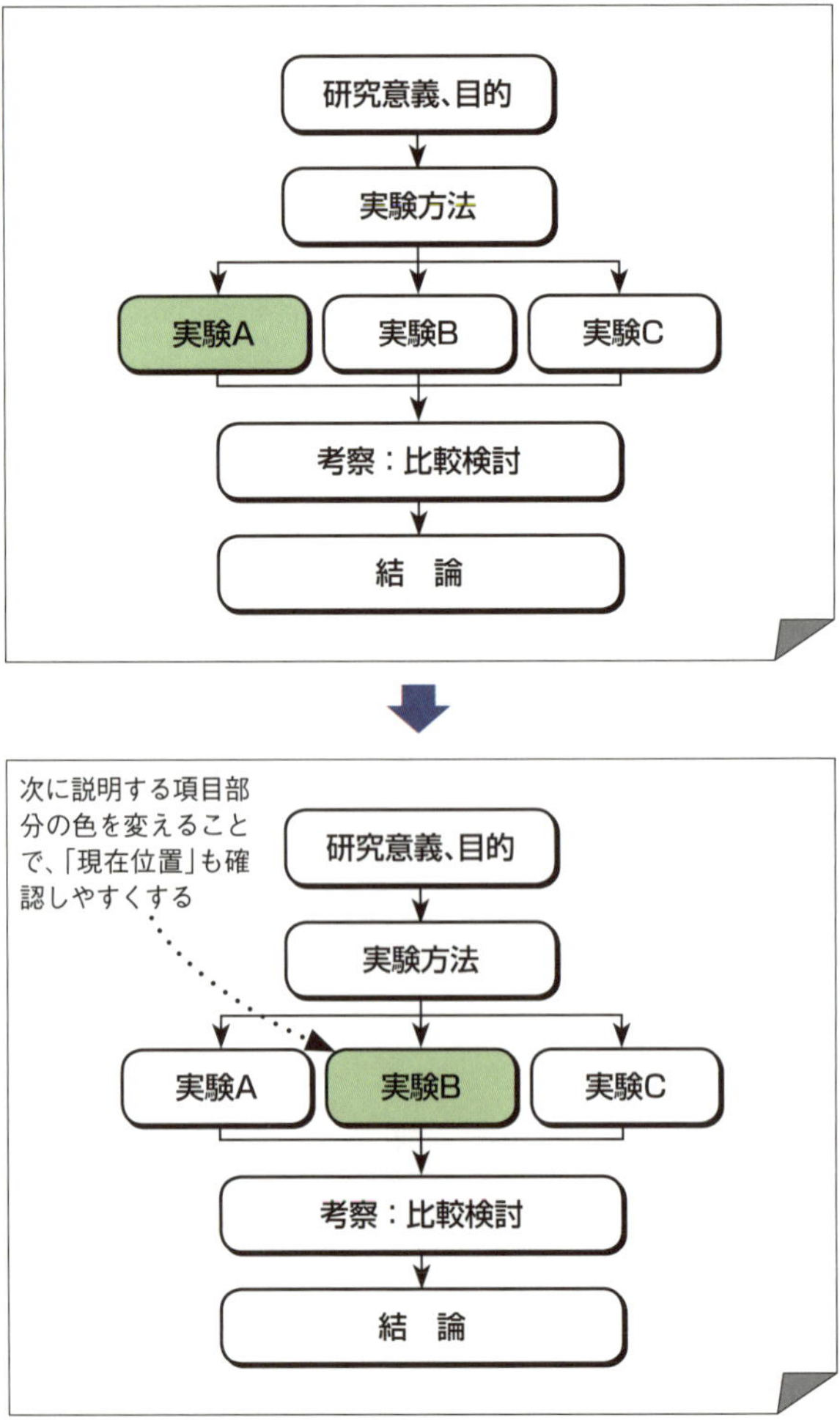

次の項目と「現在位置」を示す図の例

おわりに　プレゼンは自分自身を鍛える絶好の機会

「認知特性」という心理学用語をご存知でしょうか？　これは、人が見たり、読んだり、話したり、聞いたりした情報を処理して表現する一連の能力のことを指し、人には大きく分けて視覚、聴覚、言語の三つの認知特性というものがあるそうです（本田真美著『医師のつくった「頭のよさ」テスト』より）。

どの特性が優れているかは、人それぞれ異なります。見た情報を処理するのが得意な人は「視覚優位者」、読んだ言葉を処理するのが得意な人は「言語優位者」、そして聞いた情報を処理するのが得意な人は「聴覚優位者」と呼び、一般的に「頭がいい」と言われる優秀な人は、三つの「認知特性」のうち、二つ以上が優れているケースが多いようです。たとえば外科医の場合、「視覚優位者」が持つ空間把握能力が長けていて、さらに「言語優位者」が持つ、得た情報を患者などの他者に伝える能力も備わっていると、非常に優秀な外科医であると言えるそうです。

この「認知特性」について知った筆者はすぐに、プレゼンは複数の認知特性を同時に鍛えられる最高のツールだ！　と気づきました。なぜなら、優れたプレゼンを行うためには主に次の2つが求められるからです。

・伝えたい内容が聴衆に響くように、スライドに掲載する情報を吟味する（言語特性）
・スライドに掲載する情報を、誰もがパッと見て一瞬でわかるように表現する（視覚特性）

プレゼン本来の目的は、研究している内容を伝えて賛同を得ることや、開発した製品の企画を通すことなどにあります。しかし実はそれ以前に、発表者自身にとっては、言語特性と視覚特性を鍛えること、すなわち自分自身を鍛えるための絶好の機会なのです。

本書では「わかりやすい」スライドを作成するために必要な考え方や技術について紹介しました。それらを有効に活用するには、たくさんの自問自答が必要となります。それは「本当にこれで伝わるだろうか？」「自分はなぜそれを伝えたいのか？」「それを伝えることは聴衆にとってどんな意味があるのか？」といった問いを常に自分に投げかけ、その答えを見出そうとする作業です。この自問自答の繰り返しこそが、優れたプレゼンを生み出し、同時に真にあなたを成長させるのです。

本書が少しでも読者の方の成長のお手伝いになれば幸いです。

最後に、本書を執筆するにあたり、題材スライド提供に協力いただいた方々に心から感謝申し上げ、文末にお名前を記載させていただきます。そして、数ヵ月にわたりお付き合いいただいた講談社西田氏に心より感謝申し上げます。

最後の最後に、いつも支えてくれる家族（石川、東京、滋賀の）と、本書のコンセプトから校正までを共に作りこんだ妻・真弓に心から感謝します。本書は、長男と今年生まれる予定の第二子に捧げます。

２０１３年４月　宮野公樹

題材スライド提供に協力いただいた方々や部署（すべて敬称略。順不同）
・Xstudy（分野横断研究プロジェクト）メンバー
妹川陽香、河部祐里、辻田祐子、横光明子、青山剛、大村一真、朴金煥、村田稀水、大野真介、中澤大貴、中西宣文、藤岡茉耶、磯田彩圭、川崎亮、加藤成和、小谷田洋子、坂本智志、西山大貴、浅野倫矢、小谷田裕美子、塩見拓也、藤井準人、石橋慧子、木下浩之、坂本美咲、中村友洋、三浦修平、碇知朗、大植拓真、清水俊、鈴木大河、中上勝貴、星田佳祐
・金沢大学にて開催したプレゼン講座（２０１２年７月）の参加者の方から
河合一樹、赤木紀之、田中早苗、鈴木匠、中田浩規、吉田昌代
・文部科学省
研究振興局基盤研究課ナノテクノロジー・材料開発推進室
文部科学省科学技術改革タスクフォース戦略室

分布、拡散……77
分類する……64
並列……23
ベース色……105

【ま行】

丸ゴシック体……89
見えない線……68
短く、単純にする……50
明朝体……89
明度……106
メイン色……105
目線を上手に導く……59、118
目立たせる箇所……64
目的……23、38
文字間を広げる……102
文字枠(写真上)……132
モデル……26

【や・ら行】

矢印……147、148
余白……136
レーダーチャート……115
ロゴ……138
論理的……37
論理展開……24、71、76

図形……140、155
図中の重要な箇所のみ
　色を付ける……62
スライド
　掲載する情報……29、56
　作成の基本概念……45
　説明しにくい……48
　説明しやすい……45
　伝えたいメッセージ
　……45、50
正確……37
線……140、155
相互関係を表現する……73、74
装飾(文字列)……100

【た・な行】

体言止め……52
台詞……52
楕円……145
単位……104、127
聴衆……35
テイストの異なるイラスト
　……134
データを示す目的……110
デザイン的手法……59、152
点線……149
問い……24
トリミング……131
流れ(時間やプロセスなど)
　……75

【は行】

場……34
背景……38
配色……105、153
凡例……118
比較……23
評価軸……151
表のデザイン……124
フォント……63、87
複数の軸……78
フローチャート……22
文章を図に変換する……70

くくる……64
グラフ
　円グラフ……113
　帯グラフ……113
　折れ線グラフ……114
　積み上げ棒グラフ・
　棒グラフ……111
グラフの色……116
グルーピング……64、81、152
結論……19、23、41
研究背景……32
考察……41
構造化……22
口頭説明……55
ゴシック体……89
答え……24
異なる分野の聴衆……32
コンテンツとコンテンツの
　間に隙間をあける……66
コントラスト……60、79、152

【さ行】

彩度……106
三次元グラフ……116
散布図……115
視覚的に内容を理解できる
……70
色相……106
軸目盛り……117
質疑応答……55
実験結果……40
実験データ……31
実験方法……39
視認性……47
写真……130、154
重要な一文の書体
　（フォント）を太くする……63
条件……26
情報のまとまり……64
書体……63、87
数字を目立たせる
　（単位付きの数字）……104

さくいん

【数字・アルファベット】

Kissの法則……50
TED……56
TED風のスライド……58

【あ行】

アクセント色……105
アプローチ方法（結論に対して）……24
イラスト……134、154
イラストレーション……70、83、152
イラストレーションの基本的なステップ……71
同じ種類の要素を揃える……67
オリジナリティ……37

【か行】

改行する（違和感のない位置で）……102
可視化する……73
箇条書き……94
箇条書きされた文章の行間を少し広げる……65
下線……150
可読性……47、87
角丸……141
キーワードに色を付ける……61
キーワードを抽出する・分類する……72
記号……127
帰納的……20
客観的……37
強弱の差……60
行数と行間……92
行頭記号……96

N.D.C.809　169p　18cm

ブルーバックス　B-1813

研究発表《けんきゅうはっぴょう》のためのスライドデザイン
「わかりやすいスライド」作りのルール

2013年4月20日　第1刷発行
2022年4月15日　第8刷発行

著者　宮野公樹《みやのなおき》
発行者　鈴木章一
発行所　株式会社講談社
〒112-8001 東京都文京区音羽2-12-21
電話　出版　03-5395-3524
販売　03-5395-4415
業務　03-5395-3615
印刷所　（本文印刷）株式会社新藤慶昌堂
（カバー表紙印刷）信毎書籍印刷株式会社
本文データ制作　ブルーバックス
製本所　株式会社国宝社

ISBN978−4−06−257813−4

発刊のことば

科学をあなたのポケットに

二十世紀最大の特色は、それが科学時代であるということです。科学は日に日に進歩を続け、止まるところを知りません。ひと昔前の夢物語もどんどん現実化しており、今やわれわれの生活のすべてが、科学によってゆり動かされているといっても過言ではないでしょう。

そのような背景を考えれば、学者や学生はもちろん、産業人も、セールスマンも、ジャーナリストも、家庭の主婦も、みんなが科学を知らなければ、時代の流れに逆らうことになるでしょう。

ブルーバックス発刊の意義と必然性はそこにあります。このシリーズは、読む人に科学的に物を考える習慣と、科学的に物を見る目を養っていただくことを最大の目標にしています。そのためには、単に原理や法則の解説に終始するのではなくて、政治や経済など、社会科学や人文科学にも関連させて、広い視野から問題を追究していきます。科学はむずかしいという先入観を改める表現と構成、それも類書にないブルーバックスの特色であると信じます。

一九六三年九月

野間省一

ブルーバックス　趣味・実用関係書（I）

35 計画の科学 加藤昭吉
733 紙ヒコーキで知る飛行の原理 小林昭夫
954 「超能力」と「気」の謎に挑む 天外伺朗
1032 フィールドガイド・アフリカ野生動物 小倉寛太郎
1063 自分がわかる心理テストPART2 芦原 睦＝監修
1073 へんな虫はすごい虫 安富和男
1083 格闘技「奥義」の科学 吉福康郎
1084 図解 わかる電子回路 加藤 肇／見城尚志／高橋 久
1112 頭を鍛えるディベート入門 松本 茂
1234 子どもにウケる科学手品77 後藤道夫
1245 「分かりやすい表現」の技術 藤沢晃治
1273 もっと子どもにウケる科学手品77 後藤道夫
1284 理系志望のための高校生活ガイド 鍵本 聡
1307 理系の女の生き方ガイド 宇野賀津子／坂東昌子
1346 図解 ヘリコプター 鈴木英夫
1352 確率・統計であばくギャンブルのからくり 谷岡一郎
1353 算数パズル「出しっこ問題」傑作選 仲田紀夫
1364 理系のための英語論文執筆ガイド 原田豊太郎
1366 数学版 これを英語で言えますか？ E・ネルソン＝監修 保江邦夫
1368 論理パズル「出しっこ問題」傑作選 小野田博一
1387 「分かりやすい説明」の技術 藤沢晃治
1396 制御工学の考え方 木村英紀
1413 『ネイチャー』を英語で読みこなす 竹内 薫
1420 理系のための英語便利帳 倉島保美／榎本智子 黒木 博＝絵
1430 Excelで遊ぶ手作り数学シミュレーション 田沼晴彦
1443 「分かりやすい文章」の技術 藤沢晃治
1448 間違いだらけの英語科学論文 原田豊太郎
1478 「分かりやすい話し方」の技術 吉田たかよし
1488 大人もハマる週末面白実験 左巻健男／滝川洋二 こうのにしき＝編著
1493 計算力を強くする 鍵本 聡
1516 競走馬の科学 JRA競走馬総合研究所＝編
1520 図解 鉄道の科学 宮本昌幸
1552 「計画力」を強くする 加藤昭吉
1553 図解 つくる電子回路 加藤ただし
1567 音律と音階の科学 小方 厚
1573 手作りラジオ工作入門 西田和明
1584 理系のための口頭発表術 ロバート・R・H・アンホルト 鈴木 炎／I・S・リー＝訳
1596 理系のための人生設計ガイド 坪田一男
1603 今さら聞けない科学の常識 朝日新聞科学グループ＝編
1623 「分かりやすい教え方」の技術 藤沢晃治
1630 伝承農法を活かす家庭菜園の科学 木嶋利男
1653 理系のための英語「キー構文」46 原田豊太郎

ブルーバックス　趣味・実用関係書(II)

1656 今さら聞けない科学の常識2　朝日新聞科学グループ＝編
1660 図解　電車のメカニズム　宮本昌幸＝編著
1666 理系のための「即効！」卒業論文術　中田　亨
1667 太陽系シミュレーター　Windows7／Vista対応版　DVD-ROM付　SSSP＝編
1671 理系のための研究生活ガイド　第2版　坪田一男
1676 図解　橋の科学　土木学会関西支部＝編　田中輝彦／渡邊英一　他
1683 図解　超高層ビルのしくみ　鹿島＝編
1688 武術「奥義」の科学　吉福康郎
1695 ジムに通う前に読む本　桜井静香
1696 ジェット・エンジンの仕組み　吉中　司
1699 これから始めるクラウド入門　2010年度版　リブロワークス
1707 「交渉力」を強くする　藤沢晃治
1725 魚の行動習性を利用する釣り入門　川村軍蔵
1753 理系のためのクラウド知的生産術　堀　正岳
1755 振り回されないメール術　田村　仁
1763 エアバスA380を操縦する　キャプテン・ジブ・ヴォーゲル　水谷　淳＝訳
1773 「判断力」を強くする　藤沢晃治
1777 たのしい電子回路　西田和明
1783 知識ゼロからのExcelビジネスデータ分析入門　住中光夫
1791 卒論執筆のためのWord活用術　田中幸夫

1793 論理が伝わる　世界標準の「書く技術」　倉島保美
1794 いつか罹る病気に備える本　塚﨑朝子
1796 「魅せる声」のつくり方　篠原さなえ
1813 研究発表のためのスライドデザイン　宮野公樹
1817 東京鉄道遺産　小野田　滋
1835 ネットオーディオ入門　山之内　正
1837 理系のためのExcelグラフ入門　金丸隆志
1847 論理が伝わる　世界標準の「プレゼン術」　倉島保美
1858 プロに学ぶデジタルカメラ「ネイチャー」写真術　水口博也
1863 新幹線50年の技術史　曽根　悟
1864 科学検定公式問題集　5・6級　竹内　薫＝監修　桑子　研／竹田淳一郎
1868 基準値のからくり　村上道夫／永井孝志　小野恭子／岸本充生
1877 山に登る前に読む本　能勢　博
1882 「ネイティブ発音」科学的上達法　藤田佳信
1886 関西鉄道遺産　小野田　滋
1895 「育つ土」を作る家庭菜園の科学　木嶋利男
1900 科学検定公式問題集　3・4級　竹内　薫＝監修　桑子　研／竹田淳一郎
1904 デジタル・アーカイブの最前線　時実象一
1910 研究を深める5つの問い　宮野公樹
1914 論理が伝わる　世界標準の「議論の技術」　倉島保美
1915 理系のための英語最重要「キー動詞」43　原田豊太郎

ブルーバックス　趣味・実用関係書(III)

1919 「説得力」を強くする　藤沢晃治
1920 理系のための研究ルールガイド　坪田一男
1926 SNSって面白いの？　草野真一
1934 世界で生きぬく理系のための英文メール術　吉形一樹
1938 門田先生の3Dプリンタ入門　門田和雄
1947 50ヵ国語習得法　新名美次
1948 すごい家電　西田宗千佳
1951 研究者としてうまくやっていくには　長谷川修司
1958 理系のための法律入門　第2版　井野邊 陽
1959 図解　燃料電池自動車のメカニズム　川辺謙一
1965 理系のための論理が伝わる文章術　成清弘和
1966 サッカー上達の科学　村松尚登
1967 世の中の真実がわかる「確率」入門　小林道正
1976 不妊治療を考えたら読む本　浅田義正　河合 蘭
1987 怖いくらい通じるカタカナ英語の法則 ネット対応版　池谷裕二
1999 カラー図解　Excel「超」効率化マニュアル　立山秀利
2005 ランニングをする前に読む本　田中宏暁
2020 「香り」の科学　平山令明
2038 城の科学　萩原さちこ
2042 日本人のための声がよくなる「舌力」のつくり方　篠原さなえ
2055 理系のための「実戦英語力」習得法　志村史夫
2060 音律と音階の科学　新装版　小方 厚

ブルーバックス　コンピュータ関係書

1084 図解　わかる電子回路　加藤　肇／見城尚志／高橋　久
1430 Ｅｘｃｅｌで遊ぶ手作り数学シミュレーション　田沼晴彦
1656 今さら聞けない科学の常識２　朝日新聞科学グループ＝編
1699 これから始めるクラウド入門　２０１０年度版　リブロワークス
1753 理系のためのクラウド知的生産術　堀　正岳
1755 振り回されないメール術　田村　仁
1769 入門者のＥｘｃｅｌ　ＶＢＡ　立山秀利
1783 知識ゼロからのＥｘｃｅｌビジネスデータ分析入門　住中光夫
1791 卒論執筆のためのＷｏｒｄ活用術　田中幸夫
1802 実例で学ぶＥｘｃｅｌ　ＶＢＡ　立山秀利
1825 メールはなぜ届くのか　草野真一
1837 理系のためのＥｘｃｅｌグラフ入門　金丸隆志
1850 入門者のＪａｖａＳｃｒｉｐｔ　立山秀利
1881 プログラミング20言語習得法　小林健一郎
1926 ＳＮＳって面白いの？　草野真一
1950 実例で学ぶＲａｓｐｂｅｒｒｙ　Ｐｉ電子工作　金丸隆志
1962 脱入門者のＥｘｃｅｌ　ＶＢＡ　立山秀利
1977 カラー図解　最新Ｒａｓｐｂｅｒｒｙ　Ｐｉで学ぶ電子工作　金丸隆志
1989 入門者のＬｉｎｕｘ　奈佐原顕郎
1999 カラー図解　Ｅｘｃｅｌ「超」効率化マニュアル　立山秀利
2001 人工知能はいかにして強くなるのか？　小野田博一
2012 カラー図解　Ｊａｖａで始めるプログラミング　高橋麻奈
2045 サイバー攻撃　中島明日香
2049 統計ソフト「Ｒ」超入門　逸見　功